評論社の教育選書 34

大学研究の六〇年

寺﨑昌男

評論社

評論社の教育選書 34

大学研究の六〇年

寺﨑昌男

はしがき

筆者は一九五〇年代末ごろから「大学のこと」を研究してみたいと考え、焦点を日本近代大学の歴史を解明することに絞って、探求を続けてきた。

もともとの専攻分野は教育学である。他の専攻分野の方たちから見ても、また多くの読者の方たちから見ても、教育学研究者が大学のことを研究するのは当然のことと思われるだろう。だが六〇年前の日本は、そうではなかった。教育学は幼児期から小・中・高校あたりまでの、「学校」で行なわれる活動をあつかう学問だ、というのが第一の通念であった。第二の通念として、市民が生涯を通じて学ぶ活動を援ける研究すなわち「社会教育」というテーマを取り扱う学問でもある、という考えが加わった。「学校教育」と「社会教育」の二つが教育学の主要領域だという考え方は、ヨーロッパやアメリカを経て明治以後の日本に早くから導入されて来たが、日本ではその「学校教育」の中に大学教育は含まれなかった。

もちろん日本の大学で行なわれている活動の一つは、「教えること」であった。だがその活動を第三者が研究することなどできない、いやむしろ許すべきではないという感覚が大学関係者自身の側にあった。国家権力から「教授の自由」を守らなければならないという、近現代の日本では無理からぬ事情から出てきた感覚であった。それは第三の通念になっていたといってもいい。

この通念が、大学教育を教育学研究から外した根本の理由だったのかもしれない。

こうした通念や事情に反して、筆者はなぜこの本に書くような道筋をたどってきたか。その底にはかなり独特な個人的事情もあった。しかし基本的には、戦後社会において日本の大学が受けてきた激動があった。「大学のことは教育学者の研究対象ではない」などと言ってはいられない問題や課題が次々に起きてきた。筆者と同様の研究コースをたどられた教育学研究者やその集団も生まれ、多くの学問分野の研究者・教授たちも加わって、かつては考えられない大学研究の動きが生まれてきた。一九二〇年代後半から三〇年代半ばまでに生まれた大学研究者の方々も、筆者と同じく「内からの声」と「外からの衝撃」に励まされながら研究を続けてこられたことであろう。

本書の前半は、高校を卒業するまでの少年時代に筆者がどのようにして教育全般に関心を持ったかという個人的な経過を記し、内からの声にこだわった自叙伝になった。しかし後半は、戦後日本の大学の歩みそのものが筆者の研究に投げかけるさまざまな問いや課題と筆者との「相互交流史」に近い文章になった。全体を通して、叙述の背景には戦後日本の大学問題や高等教育の状況が浮かぶように努力した。日本の大学・高等教育の変化と個人的な研究との関連が有機的に伝わるようにと願ったからである。

学生・大学院生時代に学んだ東京大学教育学部・研究科の学風の中で、「教育の歴史的研究を行なうものは現実の教育問題が投げかける課題との対話を忘れてはならない」ときびしくしつけられてきた。身の回りに起きる大学や教育の問題との対話抜きには、さらに言えばできる限りの大学改革への参加がなければ、大学研究や大学史研究はありえないという思いが本書を書く基盤になった。

執筆して行くにつれて、数々の恩師たちだけでなく、研究と活動の場を与えられた多くの大学関係者や学友たち、研究活動を支えられた諸機関や出版関係者たち、また絶えず刺激と示唆を与えてくれた学士課程や大学院の学生諸君など、さまざまな方面からの学恩や厚意が思い起こされる。

他方、書くにつれて大きく浮かび上がったのは、研究の継続を支援された出版社の力である。最初の共著著作である『大学教育』(一九六九年)の出版以後、戦時下教育研究やハウスクネヒト研究、『日本近代大学史』等を出版された東京大学出版会、小学校社会科教科書編集という稀有の機会を提供され、中央教育研究所を支えられた東京書籍株式会社、野間教育研究所で所員・理事として遇された講談社、大学改革実践記録を含む最近のアンソロジーを次々に世に送って下さった東信堂、学術書への執筆の機会を与えられた岩波書店ほか多くの出版社や団体が研究発表を援けて下さった。心からお礼申し上げる。

評論社は、かつて筆者の博士学位論文の公刊を引き受けられ(『日本における大学自治制度の成立』一九七四年、増補版は二〇〇〇年)、今回は本書の刊行を快諾された。筆者の研究人生の初めと終わりを見届けていただいたことになる。竹下晴信社長・同純子副社長の厚志に心からお礼申し上げたい。

私は、家庭では終始「心ここにあらず」とでも言いたそうな疎遠な夫であり父であったと思う。その生活を支え、許容してくれた妻や四人の息子・娘たちに深く感謝する。顧みれば、苦しい生活環境を経たかと思えばようやく勤務先を得、かと思えばその勤務先も目まぐるしく変動し、研究テーマも「大学史」を除けば、わがままに移り変わって来た。そのようなライフコースを経て来られたのも、家族の温かい支えがあったからである。

厚意をもって接して下さったあらゆる方々に、小著がささやかなお礼となれば幸いである。

二〇二一年一月

寺﨑　昌男

目次

I　高校まで

誕生から小学校卒業まで

私は一九三二年（昭和七）九月に福岡県久留米市で生まれた。同市は県の南西部、佐賀県に近く筑紫平野の中に位置する商工業都市で、九州一の大河である筑後川が間もなく有明海に注ぐ手前、その南西域に広がっている。一九三二年ごろは人口八万人程度の中都市であった。

誕生の予定日は一二月だったという。その三か月前、母をはじめ家族じゅう誰も予想していなかった時期にいきなり生まれたらしい。いわゆる「ななつきご」である。体重は三三〇匁《もんめ》だったというから、一二四〇グラムほどである。顔は皺の寄った大きな梅干し程度で、「こんな赤ちゃんでも葬式をしなくてはいけないだろうか」というのが家族の最初の相談事だったという。生後半年間の費用を記入した帳簿を見せられたこともある。三千円ほどになっていた。「家なら二軒ぐらい建てられる費用だった」とたびたび聞かされた。

家業は京呉服の卸問屋で、その商売では市で二番目の大商店だったから、未熟児の養育に不自由はなかった。大人の片手に乗るほどの赤子も、九州医学専門学校（九州高等医学専門学校を経て現在久留米大学医学部）附属病院の専門医や二四時間住込みの三人の看護婦さんたちに支えられ、また祖父母の熱心な祈りにも守られて、生き延びることができた。

幼少時の体験は一切省く。しかし誕生のいきさつと、家が一〇人近い番頭さんや小僧さんたちと五、六人の女中さんたちを擁する豪商の一つで、経済的に何不自由のない状態だったことは、私のその後の歩みに少なからぬ影響を与えた。

第一に、小学校を卒業するまで全くの病弱児だった。赤痢、疫痢、中耳炎といった流行病は幼児期にすべて経験し、風邪、胃腸の故障など小さな病気に絶えず見舞われた。寺崎は男子に恵まれなかった家で、祖父、父と二代にわたって他家から迎えられた婿養子であった。私はようやく三代目に生まれてきた「世継ぎ」ということになる。二歳下には弟・泰夫が生まれたが、彼はこの上なく健康な男の子だった。だが昭和初期の日本では長男と次男の地位はくらべものにならない。その長男が、「火星人」（当時のマンガに出てくる火星人。頭は大きいが手足・胴体はタコの足のように細い）と綽名されるようでは、家の将来が案じられる。両親や祖父母が私の健康を心配したことは並大抵ではなかった。

小学校に行くようになってもやはりすぐに病気を訴えた。「今日はおなかが痛い」といえばすぐ休ませてくれた。一年生の『通信簿』（成績表）を見ると、「欠席日数」の欄に「一一八日」と記入されている。授業の半分ぐらいしか出席しなかったのである。にもかかわらず「体操」には一〇点満点の九点が付いている。その他の科目もすべて九点か一〇点となっている。ありうべからざる評価である。祖父が少し前まで市会議員をやっていた。その圧力でこういう評価が付いたのではあるまいか。二年生以上になっても、欠席日数は年に三〇日を上回っていた。

「身体に気を付ける」という理由でさっさと学校を休むという癖は、のちまで続いた。中学校に進んでからも、一年生、二年生を通じて、二学期の後半と三学期の全部を欠席した。朝目覚めると微熱が出て、午後には下がる。あれは間違いなく不登校だったと思う。「学校には出なくても、やっていける」という妙な自信のようなものが出来た。後年、東京大学教育学部附属中・高等学校の校長役を勤めたが、その期間を通じて、私は不登校の子どもたちの心理に限りない共感を覚えていた（本書「V　大学教員として教育と向き合う」を参照）。校長辞任後に気付いたのだが、あの共感の底には少年期の不登校体験があったに違いない。

第二に、家が豊かで金に困った体験がないというのは、もちろん子どもにとって不幸なことではない。しかしこの幸運も、子どもの側の金銭感覚の鈍化を生み出すという問題があるように思う。私が何を買っても、どこへ入場しても、何に乗車しても、小学校三年生ぐらいまで金銭の支払いはすべて女中さんたちの仕事であった。持ち物の管理もそうであった。私と弟には、一〇歳ぐらいまで一人ずつ専属の女中さんが付いていたのである。弟は几帳面なほうだが、私の場合、右の環境は金銭感覚と所有感覚との鈍さとなって残っている。家計は妻に、研究費は仲間たちに、というように、金品のマネジメントはこれまで人に任せっぱなしで来た。物心ついてからの「忘れ物」の経験を記せば限りがない。若いころはユーモアの一つと思っていたが、今では「やはり人格的な欠点だ」と思うようになった。

戦時下の国民学校

小学校に入った一九三九年（昭和一四）から中学校（旧制）入学直後の一九四五年八月までの六年半は、日中戦争の開始直後からアジア太平洋戦争の敗戦にいたる時代であった。この間、学校は小学校から「国民学校」に代わった。その変化は小学校三年生の四月に起きたはずだが、私には何のことか分からなかった。学帽の側面に縫い付けてあるラベルを、母が「久留米市立日吉尋常小学校」というのから「久留米市立日吉国民学校」というのに代えてくれたのを記憶しているだけである。

しかし学校の生活は少しずつ変わった。先ず、いろいろな儀式が多くなった。同窓生の父の出征を見送りに行く行事、逆に戦死して遺骨となって「帰還」してきた人を迎える行事など、それまでなかったことがたびたび行なわれるようになった。高学年に進み戦局そのものが緊迫の度を加えてくるにつれて、行事はさらに増えてきた。勤労奉仕謝礼や寄金を貯めて学校が陸軍に寄贈した機関銃の献納式、市有数の神社であった日吉神社を早朝に清掃し戦勝を祈願する暁天《ぎょうてん》修養会、市内全国民学校生徒を集めた筑後地区の少国民総蹶起大会など、次々に新しい行事が下りてきた。これに元日の元始祭、二月の紀元節、四月の天長節、一一月の明治節、春と秋の神嘗祭・新嘗祭、といった昔からの儀式を加えれば、相当の日数が行事や儀式に割かれていたことになる。それは校長や教頭などの「訓話」を通じて戦時下教育の格好の舞台になった。

また当時の学校教育の特質を生き生きと描いたある女性の言葉を借りれば、戦時下の学校には日々新しい「英雄」が生まれた。父を送り出す出征兵士の子、遺骨となって帰ってきた兄を持つ子、そういう子は少なくともその日だけは皆に注目される英雄になることができた。戦死者を持つ家の玄関には「名誉之家」という札が貼られた（木下芙紗子「考えさせない教育から考える教育へ」、平和教育研究所編『戦前の教育と私』、一九七三年、朝日新聞社刊所収）。日吉国民学校に下りてくる行事によっても、英雄が生まれた。少国民総蹶起集会で「決意」の言葉を読み上げたのはクラスの級長をしていた優秀な同級生だったが、原稿は私が書いたものだった。大日本放送協会（ＮＨＫ）がニュースで伝えたラジオの前で、二人は小さな英雄になった。私自身も、父は主計将校として出征しフィリピンにいたが、その父の姿は大きな誉れであった。

先に引いた木下芙紗子さんは、要旨次のようにいう。「戦時下の学校の空気が暗く鬱屈したものだったと思う人がいるが、それは片面だけの観察である。学校にはいろいろな英雄が生まれるという喜びがあった。また学校生活全般には大きな張り合いがあった。教育の目的が『戦争に勝つ』というただ一つに絞られていたからである。ただ一つの目的しかない教育は、快い活動として私たちをとらえていた」と。これは私の心理体験と全く合致する。そしてここにこそ戦時下教育の真の恐ろしさがある。手記の内容から推測すると、木下さんは私の一学年上級生で、東京で国民学校生活を送られたと思われる。

他方、彼女は、国民学校になってから校内のしつけが急に厳しくなったことにも触れている。特に教育勅語と天皇・皇后の肖像写真（御真影）とを祀った「奉安殿」への欠礼などに対する制裁が、恐怖感を誘う厳しさで行なわれるようになったことを、リアルに記している。日吉小学校でも体罰が激しくなったのは特に国民学校になってからであった。ただ教師によって大きな違いがあった。私のクラスの担任はほとんど体罰をしない先生だったが、隣りのクラスの担任は、常に激しい体罰を行なった。そのクラスの者たちが戦後に同級会を開いたとき、当時県会議員になっていた元担任は畳に手をついて謝ったそうである。「上官ノ命令ハ朕ガ命令ト心得ヨ」という軍隊の掟は、学校にそのままの形で浸透してきていたのだった。

中学校へ

一九四五年（昭和二〇）の春、国民学校を卒業して県立中学明善校を受験した。

右の校名は明善中学校を誤記したのではない。久留米藩は旧有馬家の所領であり、その有馬家が寛政年間に開いたのが藩校明善堂であった。明治期に入って中学校制度ができてもこの「明善」という語だけを引き抜いてそれに「中学校」を付けるのを潔しとしなかったのであろう。福岡県には、福岡市にあった修猷館、柳川市の伝習館のように藩校名称をフルに残していた例があった。「中学明善校」という校名もそれらにならったものだったと思われる。

入試は、昭和初期以来続けられてきた中等学校入試改革の流れに沿って、筆記試験の廃止、内申書の尊重、人物考査と身体検査重視の三者を併せた「総合考査」を行なうという方針で進められた。とはいえ、筆記試験が皆無だったわけではない。国語テストに近いが到達度テストとは考えられない試験は行なわれた。「次の語を音読するときにはどのように言うか。カタカナで書け」として「すなはち」という語があげてあった。たいへん困ったのをおぼえている。口頭試問ではいきなり「『やたけ心』とは何か」と聞かれ、これまたしどろもどろだった。これに器械体操や走力検定があったが、「虚弱児」に近かった私も何とか合格することができた。

卒業した日吉国民学校は市の真中にあるいわゆる有名小学校だったが、同学年で明善校に進学したのは男子一三一名中四四名（三四％）に過ぎなかった。残りのうち、出来たばかりの私立中学校へ一八名が進んだが、そのほかには商業学校へ一八名が進学している。商都という土地柄もあって、工業学校という進路を取った者は九名、農学校は一名しかいなかった。その他の者が進学したのは「国民学校高等科」すなわち高等小学校であった。男の子の中の五一名（三九％）がそこへ進んだ。その前年、一九四四年卒の女子の場合は一一七名中五〇名（四三％）が高等小学校である。当時の全国平均の高等科進学率に比べると一〇％以上低い数字で、久留米市は、男女おしなべて公私立の中等学校に進学する率が高い土地だった。男子の場合、特に国民学校初等科卒業だけで学校生活を終わった者は皆無に近かったことが分かる。ただし女子の場合、一年前の一九四四年卒の中には「女中」「酌婦実習」「不明」と記録されている者が八名いて、男子と微妙に異なっていた。

一九四五年八月一五日、終戦の「玉音放送」は家族が疎開していた三井郡山本村という山村の農家で聞いた。久留米市中はそのわずか四日前に米軍の空襲を受け、小学校四年のときまで過ごした問屋街の大きな商家は、跡形もなく焼けてしまった。フィリピンから病気のため復員したのちに再び応召していた父は、駐屯地だった宮崎県小林市から復員し、約二年後には、我が家は祖母、父母および私と二歳下の弟泰夫、戦中に生まれた妹桂子と敗戦直後生まれの陽子との七人家族になった。父母は呉服を扱う小売商を創業し、店舗を街中の商店街に設けた。

中学校の最初の三年間、私が苦労したのは、先に書いたように不登校状態が続いたことである。戦中も戦後もクラスの級長・副級長は選挙制で選ばれた。一年生の二学期からはずっと級長に選ばれたが、実は欠席をつづけることになる。副級長をやってくれる友人に申し訳なかった。だが三年生になると不登校状態は嘘のように消えた。「やっと普通の中学生になった」という気持ちで、明るい一年間を過ごすことができた。

福岡県立中学明善校（旧制）の四年生になるはずの一九四八年四月一日に、学校の名は「福岡県立明善高等学校」に変わった。私たちは、訳もわからないまま、旧制中学校四年に進級する代わりに新制高等学校一年生になった。

分化した進学キャリア

同学年の者——一九三二年（昭和七）四月二日から一九三三年（昭和八）四月一日以前に生まれた男子・女子——は、自分たちの学年進行と旧制から新制への学制改革とが並行して進んだために、学校歴が複雑に入り組むことになった。

先ず小学校（国民学校初等科）卒業までは、クラスは共学でこそなかったが、コースは男女一緒だった。男子・女子とも一九三九年（昭和一四）四月に小学校に入学し、一九四一年四月に国民学校の発足に出会って国民学校初等科三年生となったうえで一九四五年三月に初等科を卒業した。これまでも触れてきたように、男女とも小学校卒業者ではなく国民学校初等科卒業者だった。国民学校には高等科があったが、それは義務制ではなかった。従って、義務制である六年間の初等科を終われば「国民学校卒業」ということになったのであった。

一九四五年三月にその卒業を経て中学校（旧制）あるいは高等女学校（旧制）へ進学した私たちの同年者だけを見ても、その後の進学キャリアの面で大きな違いが生まれた。すなわち、

（一）　三年間在学したところで新制中学校（高等学校付設中学校あるいは女子高等学校付設中学校）の卒業ということになり、義務教育修了者として家業その他に従事した者、

（二）　五年間在学したところで、旧制中学校あるいは高等女学校卒業者として学校を離れた者、

（三）　新制中学校に三年間在学したうえで福岡県立明善高等学校付設中学校又は同県立久留米女子高等学校を卒業し、さらに両校統合後の新制県立明善高等学校を卒業して、進学あるいは就職した者、

この三者が生まれた。ただし（三）の「付設中学校」というのはどちらもフィクションの学校のことで、在学していた我々は、入学した通りの学校に通っていただけである。

このキャリア分化の背後にあったのは学制改革である。国民学校の小学校への改称（一九四七

年）、高等小学校の廃止と新制中学校の発足（同）、旧制中等教育学校の新制高校への改編（一九四八年）、一部の新制大学の発足と全面的な発足（一九四八、四九年）が進行し、それに影響されて私たちのキャリアも変わって行ったのだった。

ちなみにこのような事情があったから、後に明善高等学校同窓会（一九四九年春から男女共学となった）の名前を付けるにも、よくあるように「昭和二六年高卒だから二六会」というわけには行かなかった。同窓生には（一）のように旧制中学入学後三年間で卒業した者、（二）のように二年間で高校を卒業した者もいるからである。同窓会は、明善校の「明」を生かし「明和会」と称することにした。そして、およそ六〇年間継続した。

新制高校の新しい息吹

高校生になった一九四八年に戻ろう。

訳も分からず新制高校一年生になってとまどったものの、安心したこともあった。それは翌年に受験生にならなくてよいことだった。「受験生」と言っても新制高等学校への受験生ではなく旧制高等学校への受験生である。

旧制中学校は五年制だったが、四年間を修了して旧制高等学校に進学することができる制度になっていた。修業年限短縮という大義名分のもとに、大正時代の学制改革で中学校四年プラス高等学校三年で大学まで行ける制度になっていたからである。ただし四年次修了者にとって入試はたいへん難しいものだった。試験問題は五年次を終わった者を想定して作られていたからである。一九四八年春に旧制高校最後の入試が行なわれ、第五（熊本市）、第七（鹿児島市）、福岡（福岡市）、佐賀高等学校（佐賀市）といった近くの高等学校に、一年上級生（旧制中学校四年次を終わった者）のうち六、七名が合格した。かれらは意気揚々と母校を訪ねてくる。しかし残されて新制の五年次生に進んだ圧倒的多数の先輩たちは「俺たちは凡才だ」というような顔でがっくりしている。自分もこのまま旧制中学校の四年生になれば、翌年には一応あの試験を受けねばならないのか。そう思うと憂鬱だった。ところがそれが変わったのだ。

第一に、戦後改革の結果、旧制高校そのものがなくなってしまった。九州にあった高等学校のうち最も難しかったのは熊本にあった第五高等学校で、母方の叔父二人がかつて進学していた。きっと受けさせられるに違いない、どうしよう、とひそかに悩んでいたのだが、学校そのものが消えることになったのである。

第二に、自分たちはあと三年間この明善高等学校で学ぶことができる、そのあとで大学予科にも高等学校にも行く必要はなく、直接大学を受ければいい。そう思うと大いに元気づけられた。そのころ文部省関係者が主軸になって編集された『新制大学への道』（一九四九年一〇月、社団法人学徒組合出版部刊）という本がある。その第一頁は次のように始まっていた。

一九四九年の春から、新制大学が出発した。新しい日本の建設を双肩に担う多くの、有為な、純粋な野心に満ちた青年諸君の前に、今や、明快な、ただ一本の新制大学への道が示されている。

現代の青年諸君にとっては、古い時代の青年がともすれば悩まされがちであった高専コースの選択は、既に問題ではない。高等学校へのコースか、大学予科への道か、それとも専門学校への道かという選択の問題はないのである。真一文字に、新制大学へのコースが敷かれているだけである。

この本の主要部分は、文部省大学学術局長・劒木亨弘《けんのきとしひろ》のほか調査課長、視学官などによって書かれていた。新学制の出発に立ち会った文部省関係者の熱意をうかがうことのできる文献である。そしてもし刊行当時読んだとしても、書かれている内容は、私の実感に「全くその通り」と響いたことであったろう。大学予科は大正時代の大学改革の中で登場した。専門学校は戦前から戦中にかけて大きく拡大した高等教育機関だった。少年の眼には、それらはきらびやかに、しかし厳かに並んでいるように見えた。だがこの本は「君たちはそこで迷うことはない。もっと単純な道が開けたのだよ、それは新制大学という新しい大学へのただ一本の道だよ」と励ましてくれていた。

この文章はもう一つの大切なことを示していた。それは旧制時代の受験地獄は、実は大学入試ではなく、中学校や女学校を出たときの専門学校、高等学校、大学予科、高等師範学校への入試だった、ということである。後になると、この文章のいう「ただ一本の新制大学への道」と言えども学校間格差を伴う険しい道になるけれども、少なくともこの当時、私のように旧制中学校生徒の中途から新制高校生徒へと変わった者にとっては、受験地獄に出会う年齢は確実に一年先に延びたのだった。

さて母校は、名称だけは高等学校（新制）になったものの、校舎も運動場もそれまでの旧制中学校時代と変わりはなかった。だが教育と指導の方針は、大きく変わって行った。

先ず、授業のやり方が、先生によって差はあるものの、大きく変わった。

教務担当の先生は、「新しい学年から勉強の目安として『単位制』というものが出発する」と熱心に説明し、全科目はそれぞれ何単位になるかを説明してくれた。併行して、理科や社会科関係、音楽・図工などの諸科目には「選択制」が大幅に取り入れられるようになった。ホームルーム以外の時間は、選択科目ごとにメンバーが違うようになった。時間ごとに教室をがやがやと移動しなければならず、あわただしかったが、新しいクラス友達もでき、全科目が必修科目だった旧制時代と全く違う自由な雰囲気が生まれてきた。

個々の授業の方法や内容も大きく変わってきた。「自学自習」が勧められたのは当然だが、そのほかに共同研究、協同の発表などが広がった。

新憲法の学習と自治会活動

忘れられないのは、一九四七年度、旧制中学校三年の二学期から三学期にかけて指導された憲法の学習である。

三年生の全クラスがその年の五月に施行された日本国憲法を、グループ別にテーマ分けして調べることになった。前文、天皇、さまざまな権利、義務、改正制度……というようにテーマ別に多くのグループに分かれて発表する授業が半年間続いた。レジュメはガリ版で印刷して配ることになった。ところがガリ版刷りの器具は職員控室に一台しかない。用紙もすべて学校から貰う以外にない。おかげで放課後になると、職員控室は原紙を抱えた生徒でごった返した。

若い読者の方々には「ガリ版刷り」のイメージがないかもしれない。蠟を塗った透明なB四判大の紙（「原紙」と言った）を鑢盤《やすり》の上に置き、その上から鉄筆を強く押して文字を書く。すると原紙に文字型に連なった小さな穴が開く。その原紙を、台と「く」の字型につながれた粗目布張りの枠に敷き、その下の台の上には白い用紙の束を載せ、それに原紙を敷いた枠をかぶせ、その上からインクを塗ったローラーを回転させて、手前から先へ圧しながら押していく。すると台の上の白紙に字や絵が刷れる。こうやって一枚ずつ刷り出して行く仕組みである。クラスが五〇人として、コピーを一人三枚ずつ配るとすれば、原紙を三枚切り、それぞれローラーを五〇回ころがし、合計一五〇回刷り出さなければならない。労力も時間もかかった。一台しかない印刷機の周りに、ごった返しが生まれるのは避けられなかったが、どの先生からも叱られなかった。

大騒ぎの上でやった勉強の成果は、やはり大きかった。私の場合、それまで何となく難しくて取りつきにくい文章だなあと思っていた憲法前文が、なじみやすいものに思えてきた。特に「日本国民は、恒久の平和を念願し、人間相互の関係を支配する崇高な理想を深く自覚するのであって、平和を愛する諸国民の公正と信義に信頼して、われらの安全と生存を保持しようと決意した」という文章など、大いに好きになった。「安全と生存の保持」という見方に立って戦争の放棄と平和の維持を世界各国に宣言して見せている、ということが分かったからである。少し前まで「大日本帝国の少国民」として誇りを持っていたのに、今では占領された日本国の子どもになっている。大人たちはマッカーサーから一二歳の子どもだと言われている。でもこの憲法は、日本国民は世界の国民を信頼する、と書いている。世界の中で一人前になったということだ。屈辱を跳ね返している点が気に入った。

私のグループが担当したテーマは第三章「国民の権利と義務」の中の「権利」の部分だった。予習するうちに、ドイツにはイェーリングという学者がいて『権利のための闘争』という本を書き、権利とは何かということを深く研究している、ということなどを知り、得意になって発表した。気が付くと、教室の後ろには社会科以外の教科の先生たちがずらりと見学に来ている。びっくりして緊張した。「生徒たちに調べさせる教育」というのは、多分当時は全校あげての研究テーマで、私たちの発表時間は校内公開授業だったことをあとで知った。

翌年、高校一年生になると、調査・報告の授業方法はますます広まった。

二年生の夏休みには、今度は一〇人以上の先生たちが思い思いの得意テーマで特別授業を開講した。「源氏物語」「国語学概論」「行列式」「日本社会史」「トマス・ハーディーを読む」等々であった。たいへん学術的な講義で、どの教室も三〜四〇人ぐらいの自由参加だった。私たち二年生をはじめ上級生もいた。おかげで、橋本進吉という国語学者が「P音考」という論文を書いて草創期の日本語を明らかにしたこと、中村吉治という歴史学者が日本社会の歴史を解き明かした『日本社会史概説』という本を書いていることなどを知った。

ただしこの講座の背後には、新制高等学校というものに対する、一種の誤解もあったように思う。

先生たちは、学区制などを通じて「新制高校は旧制中学校と違って誰でも迎え入れる大衆的な機関なのだ」という理解を、建前上は持っていただろう。しかし他面、『高等』学校という名前がついている以上、旧制高校と同じように大学予備教育に当たる高等普通教育をしなければならない。自分たちもこれまでそれをしたかったのだ」という思いも持っていたと思われる。当時の明善高等学校の先生たちには東京・九州の帝国大学、東京・広島の文理科大学、私学では青山学院等の卒業生が多く、戦後に新制大学に移った先生が複数あったほどである。そういう中で実は旧制時代から醸成されていたアカデミズム志向が噴出したお陰で、私たち高校生は極めてハイレベルの教養教育に接したことになる。

正課外の部分に目を移すと、ホームルームからは自治委員が三人ずつ出て、全校自治会が作られ、月に一度は代議員会が開かれてさまざまな課題を論じ、決議して行った。この自治会は、一九四六年四月には早くも発足していたのである。私たちが参加した一九四八年以降は、戦時中から続いていた「映画観覧の禁止」を大議論の末廃止し、学校側もそれを受け入れた。

代議員会の議長を勤めた先輩の中には、のちに早稲田大学に進学して全国学生運動のリーダーとして名を馳せた上級生もいた。別の上級生は正義感の強い雄弁家だったが、九州大学を経て厚生省に入り、中国残留者の帰還援助活動の中心的な支え手となって働いた。また一九四八〜四九年に大学でのレッドパージが問題となったときには、九州大学の自治会から共闘のアピールを受けた。九州大学といえば多くの生徒が進学を熱望していた憧れの大学である。そこの先輩たちから誘われたのだ。論議は燃えた。議決寸前になったときにただ一人反対したのは、一学年下級の自治委員である。病気で二年間留年していた彼はすでに分別を漂わせた大人であり、父親は九州大学の教授だということであった。「偏った考えを持つ教授が、理性も育っていない学生たちに左翼的な講義を授けることは問題であり、レッドパージに理由がないわけではない」と論じて、共闘案はつぶれた。彼は東大法学部に進んだ後、大蔵省に入った。

自治会活動は、私たちの政治的判断力の形成に大きな役割を果たした。それだけでなく、各々の生徒が物の見方や意見を発表し、後年までそれを育てて行く機会を与えてくれた。また自治活動が育てた雰囲気は、多くのクラブ活動を栄えさせ、音楽や絵画方面に有名人を生み出した。一学年上でのちに有名な作曲家になる中村八大《はちだい》氏は、県下の高校界で高名なクラシックのピアニストだった。

高一の終わりごろに出た一番ホットな問題は「学内で起きる暴力事件に対して自治会はどのような懲罰を与えるのか」という案件で、自治会内に懲罰委員会を設けてはどうかという学校側からの議案になって上がってきた。今風に言えば、生徒間の暴力行為に対して自治会の相互処分権を設定してはどうかということであった。自治会側の決定が出たら、それを見て、学校は処罰規則を決めるというのである。

代議員のなかから七、八人の委員が選ばれ、私もそれに入らされて放課後から外が真っ暗になるころまで何時間もかけて議論した。だがもう少しで結論が出そうになったとき、一年生として遠慮していた私はついに我慢できなくなって発言した。「僕らは自治会をつくって活動していますが、それは僕らの権利を守るための活動です。生徒同士の罪を裁くための活動ではないと思います。そもそも人間がおなじ人間仲間を罰するということができるものでしょうか。それは人間よりもっと上の存在がすることだと思います」と言った。するとあれほど燃えていた議論は嘘のように静まり、自治会規約の中に相互懲罰に関する規定は設けない、ということになってしまった。

この判断の基礎には家庭でしつけられていた信仰があったように思うが、他方、学校側には、学校が持つ不利益処分の権限を自治会に代行させようという意図があったのかもしれない。それとも、代表的な旧制高校である第一高等学校（東京）の例にならおうとしたのか。そこでは寄宿舎の寮自治会が寮生を退寮処分にした場合、学校側はその生徒を自動的に退学処分にするという「自治制」を取っていた。明善高校でもそれにならった生徒自治制をつくろうとしていたのだろうか。

経過はともかく、高校生として自ら考え抜く時間を得、思い切った意見を吐く機会を与えられた貴重さは忘れられない。ちなみに明善高等学校職員会議といえばこのころ福岡県高校教育界の組合の改革運動拠点の一つだったという。職員会議は最高議決機関だと定めた職員室規約は、県下で「明善憲法」と呼ばれていたそうである（柳原一誠・安元文人『明善物語　風雪百年』、一九八〇年、西日本新聞社刊）。

先に触れたようにクラブ活動も飛躍的に盛んになった。

その背景には、一九四九年の四月から男女共学になったことが大きかった。占領軍の西部軍政部の方針によって、福岡県立高等学校の男女共学制、学区制が強力に推進されたのだった。女の子たちの前で熱弁を振るったりスポーツの試合に勝ったりできるということは、男の子にとってこの上ない励みになった。

ただし共学といっても校地がたまたま隣合わせだった中学明善校と久留米高等女学校とが新制二年目に突然「統合」されたに過ぎず、私たちの学年は、音楽や図工、それに「時事問題」といった科目が男女一緒のクラス編成になっただけで、国語・数学・理科・社会等の科目はきっちりと「別学」だった。男子ばかりのそれらの科目を担当したのも、中学校以来の「実力派」の先生たちに偏っていた。同窓会の席などで「あれは大学進学を狙って差別的な学級編成をしたんだ」などと騒いだのは、後になってのことである。

男女差の問題は、大学進学に関してもはっきりと出ていて、同じ学年で九州大学には男子が五〇名近く進学して「空前の豊作」などと言われていたのだが、女子の九州大学進学はただ一人であった。その他の少数の女子生徒が東京の私立女子大学あるいは福岡県立女子大学に進んだだけである。短期大学は一九四九年春に全国的に発足しており、その入学者の半数は女性だったが、まだ周囲では話題にのぼらなかった。

教育への関心が芽生える――ローマ字運動と子ども会指導

「どうして教育のことを研究してみたいと思ったのですか」「大学でなぜ教育学部に進学したのですか」。後輩や学生たちからよく聞かれた。ふりかえると、高校生時代に始めた二つの活動が決定的なきっかけだった。

第一に「明善校ローマ字会」というクラブをつくったこと、第二に教会で「少年少女会」という名の子ども会を運営したことである。

高一の終わりごろ、かねて厳しい授業をされるので有名な国語の福原真幸《まさき》という先生が数人の生徒に声をかけて「特に話したいことがある」と言われた。「補習」という名の特別授業かなと思って数人の友人たちと放課後に残っていたら、始まった講義は先生の人生哲学と国語国字論であった。先生の人生哲学は「理想主義」だった。理解はできなかったが、耳新しかった。家庭で理想主義などという言葉を聞く機会はなく、呉服商のわが家では、「理屈」や「哲学」などはタブーに近かった。

他方、国語国字論の中身は、先生が長年堅持してこられた国字ローマ字化論であった。熱心な講義を数回聞いているうちに、私を含めて幾人かは、国字ローマ字化論に傾倒してしまった。四、五人いた傾倒者と一緒に「ローマ字会をつくろう」ということになった。

高一から高二にかけて生物部に足を突っ込んでいた私は、実は大学で生物学を専攻しようかと思うほどに生物研究が好きだった。小学校のときから金魚を飼い、ヒヨコを育て、中学生になってからはニワトリを飼い、ウサギを育て、『農耕と園芸』という雑誌が愛読誌だった。だが生物部の先生の指導があまりにいい加減だったのに呆れ、だんだん熱が冷めていた。そこへ福原先生の指導である。生物研究を離れてローマ字運動に打ち込んでしまった。秋の文化祭では二年続けて展示を出すほどに熱中した。

興味を引かれたのは、東大にローマ字論者の教授がいるのを知ったことだった。「地球物理学者・田中館愛橘《たなかだてあいきつ》」とか「理論物理学者・田丸卓郎《たくろう》」といった教授たちの話を聞いて、いっぱしの物知りになった気になった。このほか歌人・土岐善麿の国字論のこととかローマ字日記を書いた石川啄木の話とか、文化人たちの珍しい逸話を知った。

ローマ字会の仲間の一人であった行武《いくたけ》毅《たけし》君は、東大に入って地球物理学を専攻し、学会で田中館愛橘賞を受け、地震研究所長を勤めた。ほかにも九州大学医学部教授として附属研究所長になった矢永尚士《ひさし》君、広島大学の国史学科を出て奈良国立文化財研究所に入り、平城宮趾発掘を担った本村豪章《たけあきら》君などアカデミックな道に進んだメンバーが多かった。

同時に教育的関心への大きなきっかけになったのは、「授業」という体験をしたことである。ローマ字普及と称して市内のあちこちの新制中学校に「ローマ字の授業をさせて下さい」と頼みに行った。アメリカ教育使節団の報告書（一九四七年）が国字のローマ字化論を唱えてくれたおかげで、そのころ小学校の国語の時間の一部にローマ字学習が必修となっていた。そういう影響もあったのだろう、ほとんどの中学校は私たちの申し込みを受け入れてくれた。そこで中学生相手に放課後一時間程度の「課外授業」をして回ったのである。。黒板には何をどう書いたらいいか、生徒達が退屈そうになったらどうすればいいか、戸惑いながら授業を繰り返していると、だんだん「コツ」のようなものが分かってくる。「授業をするというのは面白いことだ」と思うようになった。この経験は大学三年の教育実習のときに大いに役立ったが、それより早く教育学部進学を決める支えになった。

ローマ字国字論の影響は長く続いた。大学入学後も東京大学ローマ字会にすぐに入り、教養学部二年間のノートはすべてローマ字でとった。教養学部の文化祭である駒場祭と本郷の五月祭にはローマ字展を開き、張り切って宣伝と説明を行なった。

さかのぼっての話になるが、高二のとき校内新聞が〈広がるローマ字運動〉という特集を組んだ。そのとき寄稿した文章をあげておこう。生まれて初めて書いた「論文」である。

この現実を見よ——文化の道はばむ漢字

明善ローマ字会員・二年　寺﨑昌男

これは東京都大田区のある小学校での出来事である。四年生の算数の時間に新任の先生が教室に入って来た。「さアみな本を開いて」といってハッとした。教科書を出している者は一人もない。ようやくの事で問いただすと本はあっても字が難しくて読めないから初めから出さないのだという。調べてみると教科書「イロイロナ問題」の中の「苗」という字が読めたものは全体の一三%で五分の一にも満たず、更に「苗床」に至っては僅か四%——五〇人の中のただ二人丈だったのである。仕方なくその先生は字の読み方から教えなければならなかった。またある新制中学では既に習った国語の教科書を意味がわかって読めた者は全体の一八%にすぎない事が分った。

日本人でありながら、日本語を写した文章が十分読み書きできない。大切な知識の内容に達する前にまず文字のせん議からしてかからねばならないとは何という不合理であろうか。然もこの不合理はわれわれの日常生活において極めて当然のごとく行われているのであって、相当なインテリの中にさえ気付くものは少ないのである。

目を移して今までの義務教育を見れば小学六年間の授業で最も多くの時間を占めているも

のの一つは国語であった。統計によるとドイツでは総時間数の三一％であるのに比べ日本は四四％、全体の約半分を占めている。かかる多くの時間をかけ労力を費して行われた国語教育が果してどれほどの実績を収めているのであろうか。過去を省みるときわれわれの小学校生活は漢字の暗記にはじまり漢語の解釈に暮れたといっても決して過言ではない。

この結果、全国民の約八五％を占める義務教育のみを終えて社会に出る人には毎日の新聞さえ充分読めず、まして自己の財産生命の権利を守る法律、憲法など見向きもしないといふ実状ではなかったか。かくして一般大衆にとって文化とは全く手の届かない別世界の存在でしかなかったのである。今から武器を捨て文化国家への道を進まねばならない日本にとっては一般の知識水準を昂めるということが目下の急務であるのに漢字を使っているということによって却ってこのように逆コースをたどるべく余儀なくされているという事実が果して許さるべきであろうか。

このゆがめられた現実の姿に目覚め、是非我々の手で何とかしなければという自覚の起る所、ここにこそ国字問題の出発があるのである。

（『明善新聞』一九四九年六月三〇日号、送り仮名、字使いは原文のまま）

懸命に気取った文章である。最初の例などはどこから引いて来たのだろう。ローマ字運動の月刊全国誌として日本ローマ字会の『ローマ字世界』があった。私たちは毎号「明善校ローマ字会」という投稿記事を掲載していたが（担当はのちの地球物理学者、行武君だった）、冒頭の例はこの機関誌から引いたのかもしれない。右のような授業体験や論文の基礎になる知識は、私を「教育」の世界に確実に誘い入れるものだった。

もう一つの契機は、教会における少年少女会（以下、子ども会という）の指導であった。「教会」といえばキリスト教教会で、その日曜学校と思われるかもしれないが、私の場合は、金光教教会の子ども会であった。

金光教は天理教・黒住教と並んで幕末に生まれた新宗教の一つで、備前（岡山）地方に発し、庶民を「日柄方角」の迷信から解き放ち「天地日月の心」を心とする教えを説いた新宗教の一つである。国家神道成立後は「別派神道」の一つとされた。久留米には大きな教会があり、わが家では祖父母の代から熱心な信者であり、特に祖母は未熟児として生まれた私の存命を祈って熱烈な信心を続けてくれたと聞いている。またその娘である母も篤信者で、身体の弱かった私は事あるごとに連れられてお参りをしていた。

戦後のことになる。恐らく占領軍の政策の一つであったろう、一九四八、九年頃には、キリスト教はもちろん仏教、神道などの宗教教団が盛んに文化活動や子ども会運動に取り組んでいた。久留米教会にも少年少女会が組織され日曜日ごとに集会が開かれていたらしい。でも確たる指導者がいなかったようである。高二の初夏に、教会の信徒会からその指導者に指名されてしまった。母方の祖母が「お宅の明善校のお孫さんをリーダーにお願いしたい」という信徒会の意向を持ってきたのだった。小学校の教員経験を持っておられた内田タカさんという中年のご婦人と二人でやってほしいということである。おっかなびっくりで指導者活動に加わった。

ところが日曜だけでは足りなくなった。毎夕、子どもたちが「今日も子ども会をしよう」とねだりに来るのである。テレビも塾もなかった。皆夕方の時間をもてあましていたのだ。目抜き通りの角で呉服商を開いていた我が家は入りやすい。群れをなしてやって来る子どもたちに根負けして、内田先生と相談し、毎晩お祈りと集りの会を開くことにした。子どもたちは小学校二年生から中学校三年生までに広がり、「お話し」「歌」「ゲーム」の三つが人気プログラムだった。

だが何しろ毎晩である。特にお話しの種は尽きる。学校帰りに本屋で立ち読みをして物語を仕入れるというようなこともやった。内田先生は、下村湖人の「次郎物語」や吉川英治の「宮本武蔵」などが得意だったし、私は江戸川乱歩のスリラーものや「イワンの馬鹿」などの寓話をよく話した。この体験は、大学教員という「話すこと」が仕事の一部になった職業についたとき、大いに役に立った。

難しいのはゲームだった。それこそすぐに種が尽きる。ボーイスカウトのテキストやハイキング教本などを渉猟して、しのいだ。

だが、そのうちに「そうだ、曜日によって中身を変えよう」と考え付いた。結局、高校三年になるころには、内田先生とも話し合って、月曜・木曜を「そろばん」の練習、火曜・金曜を「書道」の稽古、土曜を「歌」、日曜が「ゲーム」で遊び尽し、残る水曜だけはお休みの日、ということにした。お話は先生と交代で一日おきに続けた。

　私たちは、いわば指導計画と時間割りを決めたのである。この二つを決めなければ子ども会といえども運営できないことに気付かされた。それが「カリキュラム」を支える枠なのだということを知ったのは、ずっと後のことだった。

　他方、あのころ心から羨ましく思ったのは、小中学校の先生たちのことであった。あそこには義務教育制度というものがある。黙っていても生徒は学校に来る。でも子ども会は、毎日毎日工夫が要る。子どもたちが「来てよかった」と思い、続くようにしなければならないからだ。学校の先生は欠席した者を叱っていればいい。何という楽な職業か――。見当はずれの恨みごとだったが、何しろ毎日の苦労が大きかったのである。

　こうした苦労の中からぽっかりと浮かんできたのが「大学に行って教育学を勉強する」という目標だった。

II　大学進学から研究者の入口まで

東大への進学

受験では東大に挑戦するということは、三年生になって割に早くから決めていた。父から「大学卒業の人間の中では東大卒がピカ一だ」と絶えず聞かされていたからである。

父は佐賀県小城市の出身で、長崎県佐世保市で成長し、後に久留米の寺崎家に婿入りしたのだったが、実業専門学校の一つである長崎高等商業学校（現・長崎大学経済学部）で学んでいた。彼の言う東大卒業者のモデルは、先に触れた『新制大学への道』の発行責任者で、のちに文部次官、福岡県知事、文部大臣になって戦後の教育行政史にたびたび登場する劒木亨弘氏であった。

久留米市には陸軍の幹部候補生学校があって、専門学校以上の高等教育機関出身者に一〇か月間の訓練を授けた。卒業すると陸軍将校に任官することができた。そこで九州地域から集まったさまざまな高等教育機関出身者が寝起きを共にしたのである。熊本出身で東大法学部卒の劒木氏は、その学校で父の同級生だった。「学力はもちろん、人間の幅というか人格というかあの人はほかの大学出と全く違った。大学に行くなら東大だ」。高等商業学校卒業後ブリヂストン社に勤務しつつここで学んだ父からこういう話を幾度となく聞かされていたから、いつの間にか進学先は東大、と決めていた。明善高等学校で東大に現役で合格した先輩は一学年上に一人いたに過ぎない。全く無謀な決心だったが、ただただ「受けて見る」と決めていたのだった。

少年少女会は午後六時に集合してお祈りをし、稽古や遊びが八時過ぎまで続く。八時半過ぎに帰宅して店の片づけを手伝い、九時から受験勉強ということになるが、身体のことを考えると一〇時半には寝なければならない。この一時間半と水曜の晩とで勝負するには、勉強の中身を思い切って精選し計画化して行くほかはなかった。

他方、今と違って進学情報・受験ニュースは極めて少なかった。予備校は近郊にはなかったし、全国模試も、福岡市で師走に一回開かれるだけだった。東大の学生たちのアルバイト組織が東大入試そっくりの問題で行なうコンクールである。要するに超貧困なデータのもとに、向こう見ずで入試を迎えるほかはなかった。貧困な情報のもとでは、経済学部とは金儲けや株の売り買いの仕方を教える所で、法学部に行ったら六法全書という法律集を暗記して役人にならなければならないらしい、という程度の理解しかなかった。

こういう状態の中で、学部選択には困った。商家の子だから家族も親戚も「お前はどうせ経済学部に行くのだろう?」という。私自身は生物学が好きで、理学部か農学部がいいと思っていたが、やってみると文科系のローマ字会も面白い。一方物理・化学と数学の成績は理系にはとても及ばない。やはり文学部にするか、などと迷っていた。文学部に行くとなると当時の東大では文科II類（現在はIII類）というコースを受験しなければならないが、英文学科とか哲学科とかいうコースは、商店街の真ん中で暮らしている状態からは遠すぎて、もう一つピンと来ない。どうしたらよいか迷ったまま、東大から入試要項と出願願書を取り寄せた。すると要項の中に思わぬ知らせが書いてある。「二年前から教育学部という新学部ができた、そこは、教育についての研究をする者や教育の行政にあたる専門家を養成する学部だ」とある。これだ！と思った。これこそ知りたいことだ。

かねて思いあぐねていた。「人にものを教えたり、アドバイスをしたりするときのコツや方法を教えてくれる場所はないだろうか」。少年少女会で、子どもたちの書道を指導したり歌の指揮棒を振ったりしながら、痛切にそう思っていた。そこへこの案内状である。「そうだ、もし東大に合格したらここに行こう」。願書の進学学科希望欄には、ためらわず「教育学部教育心理学科」と書いたのを憶えている。

浪人を覚悟していた大学には、幸い現役で合格することができた。同じ高校からは他に五名が合格し、校長は式典のたびに父母や在校生に計六名という東大進学実績を自慢していたそうである。

教育学部という選択

進学後の教養学部（全学の学生は、ここで二年間の一般教育を受ける）の様子や、春・夏・秋・冬休みのたびに国鉄久留米駅まで迎えに来てくれる子どもたちの姿、そして大学で三年間を終わるまで続けた子ども会指導、これらは懐かしい思い出である。

三年生になるときの進学の際は、文学部の国語国文学科、倫理学科、社会学科等も候補に入れていたが、結果としては、初志通り一九五三年に教育学部に進学した。東大には現在のＧＰＡ制度に類似した「進学振り分け点」制度というものがあって、当時文科系では出来たばかりの教養学科は熱心に進学者募集をしている最中だった。文学部では英文学科や社会学科が比較的高い平均点を要求する学科だったが、新設の教育学部には何点でも行けた。その学部の中の学校教育学科や社会教育学科、教育心理学科等は狭すぎるような気がして、一番広そうな教育学科（現在の教育基礎コース）に進んだ。ただしこれは大きな思い違いで、就職には最も縁遠いコースであることは、のちに知ったことである。

ところで進学にからんで、数年後に父が打ち明けたことがある。教育学部に進学したと聞いて、高校の進路指導の教師が来宅したというのである。「東大に進ませておいてどうしてそんな学部に行かせたのか」と詰問されたという。当時、東大合格→教育学部進学という選択は、正気の沙汰でなかった。東大に行ったら法学部か経済学部に行くというのが常識で、東大に入った同級生六名のうち文科Ⅱ類というコースに入ったのは私だけで、他の五名は全員文科Ⅰ類という社会科学系学部への進学コースを選び、進学先は四名が法学部、一名が経済学部だった。

さて教育学部では、私などの進んだ一九五三年の春は珍しく教育学科への進学者が多く、一〇名の定員に一三名が志願し、その全員が進学した。このほか当時全国的に盛んだった都道府県からの研究生として現役の小中学校の先生たちが学部全体に二、三〇人ほど派遣されてきていて、どの教室も前の席は背広やスーツの男女の先生たちで埋まっていた。教授たちもみな若く、他の学部とは一味違う雰囲気だった。京都、東北、九州、北海道、名古屋の五大学が教育学部を設けていたが、体育学、健康教育学という学科を持っていたのは東大だけで、珍しかった。しかしそのころ、東大の教育学部は学内でただ一つ自分の研究棟と校舎を持たない学部だった。先生たちの研究室は構内のあちこちに分かれ、講義も「法文経第何番」と呼ばれる三学部共用の教室群のどこかを借りて行なわれていた。

進学して初めて分かったが、他の学部からは大いに見下げられていたらしい。旧制東京帝国大学文学部教育学科が独立した新造学部で、戦後あわただしくできた点では教養学部と並ぶけれども、教養学部のほうは全学の新入生を二年間預かってくれる。それに比べて、教育学部は占領軍のお声がかりで出来たのではないか。もともと教育学とは師範学校で教える技術学ではないのか。学問なのか。こういった疑心が既存の学部には渦巻いていたらしい。しかし学生である私にとっては、どうでもいいことであった。「出発したばかりの日本の新教育を支えているのはこの学部ではないか」という思いすら抱いていた。

開講科目には教育学、教育社会学、教育心理学、社会教育学、教育行政学といった概論が並んでおり、私たち進学者はそれらを軒並みに履修したが、どの概論講義にもまして印象的だったのは大田堯《たかし》助教授の演習であった。参加者は三グループに分かれ、一つは岐阜県中津川市の生活綴り方教師集団の研究、もう一つは群馬県の小学校における齋藤喜博《きはく》校長の授業実践の研究、最後が伊豆地方の学校にいた齋藤健一氏の授業実践の研究であった。

驚いたのは、「世の中にこんな『学問』があるのか」ということである。当時、駒場の教養学部では矢内原学部長のもとで一般教育の充実が試みられていたが、一九五一年春に上京してきた私にとっては、大教室で次々に語られる「見知らぬ学問」の概論的講義の大部分は「教養」とは思えなかった。東京大学ローマ字会で文学部や工学部の先輩たちと一緒に活動を続けていたが、当時激しい学生運動の中では、ローマ字会活動などはささやかな渦にすぎなかった。

私は、のち一九五六年暮れに出した教育学科卒業論文の序論に、一九五一年〔昭和二六〕当時の様子を次のように書いている。

〔昭和〕二十六年に上京して駒場の教養学部へ進んだ私には、地方で思いも設けなかった思想的環境が待ちうけていた。前年〔昭和〕二十五年）秋のアンチ・イールズ闘争やレッドパージ反対闘争のあとを受けて、更に朝鮮動乱によって激しさを加えてきた国際緊張と相まって、全学連の指導による学生運動は非常な高揚を見せていた。私が入学してからも、すぐに飯田橋事件が起こったし、学内ではベルリン・アッピールによる精力的な署名運動が展開されていた。学内のあらゆる掲示板には、共産党主流派、国際派、わだつみ会、平和憲法を守る会、救援会等々、各種各様の団体によるビラがはりめぐらされ、ある時は駅から校門に入る迄に渡されたビラが十種類に余る朝もあった。そのいずれもが、公職追放解除・アメリカによる軍事基地化・来たるべき片面講和への反対を表明し、〝行動〟に立ち上がることを強く訴えていた。

政治的背景についての解説は略しておこう。ビラが一〇種類を超えるのは、学生運動諸団体のセクトがそれぞれ登校生に配るからである。学生運動にもついて行けず、かといってかつて憧れていたリベラルな教授たちの講義からも刺激を受けられないままに「駒場の二年間は、私に単なる理想主義、教養主義的な生き方の限界を教えてくれたが、これに代わるものも与えてくれなかった。云い古された言葉に従うならば、これは私の Sturm und Drank〔ドイツ語で『疾風怒濤』の意。青年の困惑と煩悶を表す言葉として一九五〇年代ころまで使われた〕の二年であったと云ってよい」とも記している。

ところが進学して入った大田ゼミは、こうした生活観や学問観と根底的に異なるものであった。私は岐阜県恵那市の教師集団の実践研究のグループに入ったが、そこで子どもたちの綴り方や教師たちの実践記録を読んで行くうちに、「学問」が取り扱う人間の中に、日本の地域で働く教師やそこの学校や教室で学ぶ子どもたちがいることを、まざまざと知った。それだけでも大きなショックだったが、この本郷の赤門の中に、そういう人々が織りなす苦労やよろこびを専門学の対象として正面から考える場がある、ということにもさらに驚愕し、感動した。先の文章に続けて、「少なくともわれわれの実践的行動と直接にかかわる学問をやりたいという気持ち、他方では当時の駒場で失われていた〝人間〟の回復を求めたいという気持ち、これらが教育をえらばせ、教育学を学ぶことをうながしたのである」とも書いている。そうした目的意識は、かつて教会で二〇名ほどの子どもたちが私に促してくれた大学進学への動機にまっすぐにつらなるものだった。

この年の大田ゼミにはガリ版刷りで『生活綴方実践を通してみた地域教育計画の研究』（東京大学教育学部大田ゼミナール、B五版六六頁）という報告書が残っていて、私は大切に保存している。大田助教授は、千葉県富崎村、岐阜県中津川市、神奈川県伊豆の対馬村というようにさまざまな地域にわたって「地域社会における教育実践」の調査に取り組んでおられた。それらを毎年のゼミ研究の対象として取り上げられていたわけである。

先生は戦後日本の教育界に起きていた地域カリキュラム運動に深く参加されていたが、研究の上では、子どもや親たちの生活や学校を規定する地域構造を上から解明するだけでなく、子ども自身に本当に迫るにはどうしたらよいか、という方法を模索しておられた時期であった。その中で一九五三年ごろは、あらためて生活綴り方教育の伝統に強い関心を抱かれていた時機であったと思われる。私たちはまさに転換期の大田助教授に邂逅していたわけである。

ゼミの同じグループに後々までの親友であり東大で勤務を共にした稲垣忠彦君がおり、別のグループには宮城教育大学に行った中森孜郎君、NHKのアナウンサーになった白鳥元雄君といった優れた同級生たちがいた。大田助教授は三年前（二〇一八年）に一〇一歳の長寿を保たれたのち生を終えられたが、生涯を通じて「教育とは何か」という問いを忘れられることのない学究であった。

大学研究に目をひらく——休学が与えてくれたもの

「どうして大学史研究を始められたのですか」ということもよく聞かれる。答えるのに難しい質問である。正確にいうと、大学史でなく「大学という問題」を突き詰めようと思ったのは一九五四、五年ごろだった。

そのころと現在とでは研究の環境も大学の状況もすっかり変わった。現在は大学教育学会、高等教育学会という二つの学会があり、大学史研究会という全国組織もある。教育学や教育史の学会に高等教育（史）や大学（史）の部会が設けられるのも珍しいことではない。加えて個別大学で編まれる五十年史や百年史といった沿革史も、昔と違ってアカデミックで水準の高いものに変わってきた。他方、多くの大学に大学文書館や史料室が生まれ、また大学教育の研究センターがつくられ始めたのは一九七〇年代に入ってからだが、今やそうしたセンターや「機構」を置かない大学は珍しいほどになってきた。

一九六〇年代以前は全く違った。まして五〇年代の初めなど、そもそも大学のことを研究できるとは誰も思っていなかったといってよい。著名な学長経験者が論文を書くのならともかく、普通の大学教員や研究者が大学を調査研究できるものではない、というのが常識であったと思う。

私自身のことをふりかえっても、大学研究に身を投じるとは「生活して行けない、失業確実なテーマを選ぶこと」であった。

学界での「常識」を絞ってみると、次のようになる。どれも私自身が、誰かから少なくとも一度は聞いた言葉である。
(一) 大学教育研究で教育系の大学院を出ても就職口はない。小・中・高の教員養成課程にそんなテーマの授業科目はないからだ。
(二) 教育学者に大学研究などできるはずがない。哲学者か歴史学者の仕事だ。
(三) 大学や高等教育機関は一つひとつ違い、教育のやり方や内容も同じである大学はない。まして、そもそも第三者の立場から授業の調査や研究を行なうことはできない。「学問の自由」を侵すからである。いったいどういうやり方で大学教育の「研究」ができると思うのか。
(四) 大学には目の回るほど細分化された専門領域がある。それを横断した「教育研究」などというものが成り立つはずはない。大学教育は確かにそこに「ある」が、「研究」できるものではない。
私を含めてのちに「大学研究の第一世代」とか「第二世代」とか呼ばれることになる人たちが研究を始めたころ、皆大なり小なり同じようなことを言われていたのではないかと思う。
(一) は教育学専攻の大学院生だった友人たちからしばしば聞かされた忠告である。この忠告は、見事に当たった。大学院を終わった後三年半は失業した。家庭教師と、一九六〇年に結婚した妻の収入とが生活の支えだった。非常勤講師の口もなく、ときに教職課程の専任の口が来ても、専攻が大学教育とか大学史だとわかると「ではちょっと……」と言われて、立ち消えになった。一九六五年に拾ってくれたのが、財団法人野間教育研究所である。ここで博士論文を完成した。

一九五四、五年に戻ろう。なぜ大学を研究したいと思ったか。

駒場から教育学部に進学した一九五三年度は、先に触れたように教育学科の学生として勉強した。教育学部が一九四九年に発足して五年目になったばかりの頃で、学生こそ少なかったが若い先生たちが揃い、学部全体に活気がみなぎっていた。だが私の転機は次の年にやってきた。久留米市の実家が、倒産の危機に陥ったのである。

本書の冒頭にも触れたように実家は京呉服卸問屋だったが、大商店だったのも一九四一年あたりまでで、戦時中には閉業させられ、戦後は中規模の小売店を開いていた。ところが一九五四年二月に、東京にいた私の所へ突然「倒産しそうになっている」という知らせが来た。その年東京大学の文科Ⅰ類に合格したばかりだった弟・泰夫も、入学を一年延ばす予定だという。三月の春休みに入って帰省すると、自宅兼店舗の二階では債権者会議が開かれていた。手形の不渡りを出したため、銀行取引からシャットアウトされ、京都の多くの問屋も手を引いて、店は存亡の境という状態にあったのだった。

息子たちが東京で勉強しているというのでは債権者に申し訳が立たない。商売の存続と再建のためには直ちに休学しなければならない。さっそく学部長宛に「休学願」を提出し、そのまま家業に飛び込むことにした。下宿は親しい友人たちが片づけてくれた。

少年少女会の子どもの父母の一人から「東京での生活費は十分に援助させてもらう。卒業だけはして置かれてはどうか」という申し出もあった。また大坪秀人（東大経済学部生）、山下裕辭（中央大学法学部生）、明石守正（東大法学部生）、等の高校同窓生のほか、一年つきあっただけの教育学部同級生たちからも、いろいろ励ましを受けた。だがこちらはそれどころではなく、若い店員さんや弟と一緒に、春先は訪問着、夏は浴衣、秋は御召というように得意先に営業して回ることが、倒産を免れる唯一の道だった。

一日の休みも許されない。来る日も来る日も手形の決済と債権者への対応に追いまくられるという、それまで考えたこともない生活が続いた。

「いったいあの大学生活というのは何だったのか」という思いが湧いてきたのは、そういう生活の中でのことであった。

研究対象としての「大学」

当時九州大学の分校は久留米市の近郊に置かれていた。繁華街に面したわが家の前の大通りを毎日大学生たちが通る。高校時代の同級生たちの顔も見えた。店を守ったり掃除したりしながらそののんびりした姿を見るたびに、羨ましかった。こちらが学生でないからではない。「生活の相」が違うことが伝わってくるからである。必死で反物を売ること、途方もなく広がった債権者たちに頭を下げ、少しずつ借金を払っていくこと、そういう中で辛うじて支えられる自分の生活と彼らの生活との何たる違いか。勉強さえしていれば誰からも後ろ指一つ指されず時には褒めてもらえる生活と、今自分が置かれている暮らしとの何たる格差。数か月前まで自分もあの通りの暮らしをしていたのだ、とあらためて気づいた。

そんなことを思いながら暮らしているうちに、羨望は疑問に変わってきた。そういう仕組みを、誰がいつつくったのか。社会は、少数の者に『勉強していれば務めが果せる』というような身分をなぜ与えているのか」。こういう疑問が浮かんできた。もし復学出来たらそういうことを研究してみよう、と思う気持ちがだんだん湧いてきた。しかし「でも、無理だろうな、このまま行けば、休学は二年を越えて、退学は避けられないだろうな」とすぐ打ち消していた。

細かい経過を書けばきりがないが、家の事情は少しずつ変わってきた。店こそ閉じなかったものの、私が休学を始めてから二年目に父は裁判所に破産申告をし、われわれ家族は在庫商品を売って何とか食いつなぎながら、他方、債権者の一部である相互銀行からは強制執行のための「差押え」を受け、家じゅうの道具に差押えを示す赤札が貼られている中で、やっと暮らしていた。

休学が三年以上になると退学になることはわかっていた。ただ弟はこれ以上卒業を遅らせるのは不利だと思われたので、一九五五年の春には東京へ送り出すことにした。母は心労から軽い結核に冒されていた。

ただし父は、旧知の企業社長に救われた。その社長が、偶然大阪で『興信所月報』という企業情報ニュース誌に「久留米・寺﨑商店倒産」という記事が載ったのを目にして、「むかしお世話になったお礼に、何とかご援助したい」と丁重な手紙をよこしてくれた。おかげで、父はベニヤ板の製造販売を専門とするその中堅新興企業の社員になることができた。一時は福岡市にその社の出張所をつくる準備を始めたこともある。もしその事業がうまく行ったら、私はためらいなくその社員になって、大学は退学してしまっていただろう。だが出張所建設の見通しはうまく立たなかったので、父一人がまず大阪に出てその企業の社員となった。一九五五年夏のことである。そしてその深秋、申し訳程度に開いていた呉服屋を閉じ、母、二人の妹と私とは、大阪の浪速区にある、旧・湊町駅に近い格納庫のような会社の二階に急造された住まいに移った。

負債はかなり残ったままだったが、父母は徐々に返済して行くつもりだったようである。一家は生まれ故郷からいわば夜逃げ同然の移住をしたことになる。しかし当時五〇歳だった父に当面は生活の見通しがついたので、私も辛うじて復学し、退学をまぬがれた。大阪の家族と別れて、翌一九五六年春に、二年ぶりに大学に復帰した。こうした変動のために、妹たち二人は小・中学校を大阪で卒業し、その後広島、名古屋というように高度経済成長下の父の転勤につれて、あちこちの学校で勉強を続けることになった。

復学した後の級友になったのは、のちに海後教授門下で共に日本近代教育史専攻者になる佐藤秀夫氏（のちの日本大学教授）や教育社会学の主導者になる潮木《うしおぎ》守一氏（のち名古屋大学名誉教授）らであり、下の学年には後に東大で西洋教育史を担当することになる宮澤康人氏（のち名誉教授）がいた。復学してくる私のために親切にも東京大学の追分寮の部屋を確保しておいてくれたのは、元の同級生で修士課程一年にいた稲垣忠彦氏（のち東京大学名誉教授）であった。「自分は卒論に二年かける」と言っていた彼は、それを実行したのだった。同じくかつて同学年だったエリート研究の麻生誠氏（のちの大阪大学名誉教授）や法学部を卒業して教育の大学院に来た思想史の堀尾輝久氏（のちの東京大学名誉教授）は、修士課程の二年生にいた。

卒業論文と修士論文

すぐに卒業論文の季節が来た。

私はためらうことなく〈明治初期の高等教育と学生との関係〉というテーマを届けた。当時教育学科の教員構成は日本教育史の海後宗臣、教育哲学の勝田守一、教育社会学の牧野巽の三教授と教育実践研究に専念しておられた西洋教育史講座の大田堯助教授、教育社会学の清水義弘助教授の五名だったが、右のテーマについては誰からも反対されなかった。

ただし資料の集め方が分からない。日本教育史概説の講義の後で、教壇におずおずと相談に行ったのが海後教授の時間であった。全く資料の予測がつかなかったのである。すると教授は「ではむかしの『学士会会報』を見るといい」と言って、学士会事務局への紹介状を書いて下さった。教授はあのころ学部長であり、また日本学術会議会員として第一部副部長であった。その中で一学部学生のためによくぞあんなに面倒を見て下さったものである。思えばあれが教育史研究に関する最初の被指導体験であった。

紹介状を持って神田の学士会事務局へ行き、『学士会月報』の明治大正期のバックナンバーをめくり、古い「大学校」卒業生たちを初めとする東大関係者たちの回顧録を幾編か探し出すことができた。生まれて初めての学外資料調査であり、あの『会報』がなければ卒論の第一章は書けなかった。

『明治期における高等普通教育の成立―学生の生活と意識の形成を中心として』という提出論文だったが、枚数が多いだけの荒削りの論文だった。しかしあれほど夢中で調べ書いたことは、その後の研究生活にもなかった。とにかくうれしかったのだ。家からの仕送りなど望むべくもなく、家庭教師のアルバイトと奨学金が頼りだった。しかし、かつて夢見た「勉強さえしていればいい」という暮らしが三年ぶりにやってきた。休学・労働の二年間のおかげで、思いもよらず強い学習意欲が生まれていた。さらに「休学中に考えた疑問を解くことができる」ということもうれしかった。加えて「論文を書きながら自分に向き合う」という経験は、密度の高い一年をもたらしてくれた。

執筆の途中から「一年では勿体ない、もう二年ぐらい勉強しよう」と思い始め、大学院進学を決心した。

そのころ大学院の学科（私たちが進学した翌年まで「人文科学研究科」の中の「教育学専攻課程」と言った）の入試は、教育社会学志望者を加えて課程定員六名に対し、受験者二一名という高い倍率だったが、何とか合格した（一九五七年）。

修士課程では海後教授のもとで卒業論文を発展させようと思い、旧制高校教育の特質を解明するというテーマを立てた。第一高等学校の校友会雑誌を資料として、学寮生活を通じての人間形成の歩みを探求するのが主な作業だった。『旧制高校における人間形成』というのが修士論文のテーマである。寄宿寮における集団規範の形成と生徒相互の文化的影響、校風論争の思想史的研究と特権意識醸成の深層の解明といったことを目指した。しかし、生活費と本代をまかなうためのアルバイトが忙しすぎて、修士論文には全く達成感がなかった。要するに時間のかけ方が足りず、かつ教養教育・青年教育分析の方法論が見つからなかったというほかはない。

後年この論文を読んでひどく感心してくれたのは一九六〇年代にアメリカから京都大学に留学し、筧田知義教授からアドバイスを依頼されたドナルド・ローデン氏（Donald T. Roden）で、拙論を参考に博士論文をまとめ、*Schooldays in Imperial Japan*（University of California Press, 1980）として出版し、日本でも『友の憂いに我は泣く―旧制高等学校物語』（上下巻、森敦監訳、一九八三年、講談社）として出版された。だが私の修士論文のほうは、教育学部の先生たちからは、「二年では足りないね」とか「狭い学校史に止まった」とか言われたに過ぎず、誰からも評価されなかった。

でも、社会に出るには年を取りすぎている。目をつむって志願した博士課程には何とか進学できた。

東大＝スタンフォード・プロジェクト――教育改革研究への参加

博士課程に進んだのが一九五九年（昭和三四）であったが、その二年前から東大教育学部を舞台にした新しい大きなプロジェクトが始まることが伝えられていた。東京大学教育学部とアメリカのスタンフォード大学が協同して戦後日本の教育改革を研究するというプロジェクトである。財政面ではフォード財団が責任を持つ、ということになっていた。

二つの著名大学が共同研究を行なうというだけで十分に珍しかったが、加えてフォード財団からの基金も億円単位の巨額にのぼった。東京大学でも人文・社会科学系の学部ではめったに見ない巨大プロジェクトだったと言ってよい。一ドル三六〇円の時代である。その過半はアメリカ人教授たちの往来や滞在費用だったと思われるが、目がくらむほどの支援と思われた。日本側の代表者は指導教授だった海後教授であり、一九五八年から二人のアメリカ人教授が先遣メンバーとして来日し、調査活動を始めた。

私が博士課程に進学した一九五九年度には、その秋からプロジェクトが本格的に始まることが決まっていた。海後教授からは「秋にはアメリカの教授が来て高等教育研究が始まるから、研究助手になるつもりでいてほしい」という依頼があった。

そこで夏休みまでには、それまでアルバイトとして勤めていた立川女子高等学校（私立）の非常勤講師（国語科）を同級の友人、岸井勇雄氏（のち関西福祉大学学長）に代わってもらい、米人教授の来日を待った。

と言っても「日本の教育を説明するために英語の練習をしておく」という程度のことしかできない。アメリカ人教授に日本の教育のことを伝えるには高等教育関連の英語をしっかり知っておかないといけない。あわてて英単語ノートをつくったりした。「教育基本法は Educational Basic Law ではなくて Fundamental Law of Education というのか」とか「学部のことを faculty というのと department というのとではこういうふうに違うのか」といったイロハから学び直さなければならなかった。加えて、明治期の高等教育の研究を続けてきた私にとって、戦後大学改革過程は全く未知の領域である。難題の山だった。

秋になると、東大附属図書館の中二階を研究室とし、そこにプロジェクトの研究助手の面々が机を並べることになった。九月に現われたのが、ラッセル教授（John Dale Russell, Ph. D.）であった。ニューヨーク大学教授で、当時のアメリカでは有数の高等教育の専門家であると聞いた。六〇歳を越えているように見えたが、翌年の三月までの滞在期間を通して、精力的に日本の高等教育の調査を始めた。当時海後教授は日本学術会議の第一部部長であっただけでなく、矢内原忠雄元総長とともにお茶の水駅の近くに学生問題研究所という研究機関をつくろうとされていた。結局、ラッセル教授との連携の大部分は、私が受け持つことになった。

毎日「出勤」してくるラッセル教授の勤勉さとエネルギーはすさまじいものであった。日本語は全く解さない。こちらは必死の「英会話」である。教授のタイプライターからは何十枚ものレポートが流れ出してくる。それを間において discussion をしなければならない。へとへとに疲れた。離日の少し前には、京浜地区にあった短期大学の視察に同行し、一日中生まれて初めての通訳をしたことなど、楽しい思い出もあった。日常会話は少しもうまくならなかったが、アメリカの研究者の仕事の仕方を近くから見ることができたのは幸いだった。ラッセル教授と同時に来たのはスタンフォード大学の若い助教授だったが、彼は「ラッセル博士は勤勉で猛烈な仕事人だ、アイルランド系の人は皆そうだ」と言っていた。

教育改革研究会が最初の手がかりにしたのは第一次米国教育使節団報告書だったが、その分析の仕方、報告書の表現の理解等について、大いに学ぶことができた。一九六〇年春に夫妻は帰国した。共同研究をしに来たつもりでいたラッセル教授のほうは、一介の大学院生を前に半年間さぞ歯がゆい思いであっただろう。だがこちらは国内で留学をしたほどの恩恵を受けた。教授はミシガン州高等教育計画のプランナーだったが、論文や話しから見て、「高等教育機会」というものにいかに強い関心を持っているかが分かり、その後の私の研究の大きなヒントになった。

このプロジェクトの全体のことを述べておこう。

一九五八年から資金の提供が始まったころ、世間ではこのプロジェクトのことを「東大＝スタンフォード・プロジェクト」というように理解していたが、実際は東大教育学部教授会が組織として共同研究を合意したというわけではなかったらしい。双方の大学の教員有志が集まって共同の研究会を組織する、という形で出発したものであった。

東大からは海後教授を会長とし、そのもとに①教育目的、②教育行財政、③学校制度、④教育内容・方法・国語改革、⑤教育職員、⑥高等教育、⑦社会教育、という七班を設け、そのそれぞれを左の教授・助教授が担当するという体制が組まれていた（以下○内の数字は、右に記した担当テーマ）。

勝田守一①、宗像誠也・五十嵐顕②、山内太郎③、岡津守彦・細谷俊夫・宮坂哲文・肥田野直・小栗一好・江橋慎四郎④、清水義弘⑤、海後宗臣⑥、碓井正久⑦。

一九五九年度の教育学部の講師以上の教員実員は総員二四名であったから、このリストは実質上その総力を挙げたものに近かった。各「班」のもとにはそれぞれ大学院生が研究助手という形で名をつらねていた。「教育理念」の堀尾輝久・松野安男（のち東洋大学名誉教授）、「教育行政」の鈴木英一（のち名古屋大学名誉教授）、小沢有作（のち東京都立大学名誉教授）、「学校制度」の今野嘉清（のち早稲田大学教授）、「体育・健康教育」の木村吉次（のち中京大学名誉教授）・託間晋平（のち東京学芸大学教授）、「教員養成」の倉石庸、「高等教育」の寺﨑、「社会教育」の藤田秀雄（のち立正大学名誉教授）といったメンバーであった。来日した米人教授たちは私の知る限り累計約七名ほどだったと思う。日本側の教授たちと協議しながら半年ほどで帰国して行った。

プロジェクトの終わりは、会長の海後教授が一九六二年三月に停年退官されるころだった。研究の時代と状況をめぐって、二つのことを書いておこう。

第一は、そのころ戦後教育改革に対する反動が大きな論題になりつつあり、特に一九五二年の講和条約締結から七、八年経っていたときだっただけに、教育をめぐる政治的・社会的な問題が色濃く漂っていた。教育界では、教育委員公選制の廃止と任命制の開始（一九五七年）をはじめとして教職員の勤務評定問題（一九五七、八年）、道徳教育講習会反対運動（一九五八、五九年）などが次々に起きていた。このような状況は、プロジェクト開始当時の趣旨文に反映されていた。研究室ができたころ、海後教授や事務局長岡津守彦助教授とアメリカ人教授たちとの集まりで、プロジェクト遂行組織の名称は「教育改革研究会」とすることに決まり、左のような「概要」が記された。

戦後、わが国の教育が、いわゆる「アメリカ教育使節団勧告」にもとづいて、その制度、内容、方法全般にわたり、大きく改革されてまいりましたことは、周知の通りであります。それから十余年、種々の経緯を含んで、日本の教育は、今日また重大な転換期にあると見なされておりますが、わたくしたちは、いまこそ、この改革の全過程をあとづけ、その歴史的意義を検討すべきときではないかと考えます。（中略）この研究には、東京大学教育学部のほとんど全部のスタッフが参加して、自主的にそれを推進しておりますが、そのほかに、アメリカ合衆国からも数人の著名な学者を招へいして、協力を求めています。

日本人研究者の立場から読めば、ここには、行政権力の再結集のもとに戦後教育改革の再検討作業が進行していることが暗示されており、それへの危機感が示唆されていると見ることができる。右の文には続けて、「東京大学教育学部では、一九五八年から三か年の計画をもって、『戦後の日本における教育再編成の経過とその問題の検討』にかんする包括的な研究をすすめつつあります」と記されていた。研究は一九六一年までに終わる計画だったことが分かる。

第二に、この共同研究の出発期には、日米安全保障条約の改訂問題が浮上し、国会の動向に対する大規模な抗議行動が起きていた。一九六〇年はその活動が絶頂期を迎えた時で、全学連（全国学生自治会総連合）による一月の羽田空港座り込み事件で、研究会の助手の中から逮捕者が出る事件も起きた。また、共同研究自体が「対米従属」的性格を持つという理由からか、前掲の参加教授・助教授や院生助手の中からメンバーを辞する教授や助手も出てきた。

このような事態のもとで「日米協力」を掲げた研究会が何とか続いたのは、今にして思えば不思議なことですらあったと思う。東京大学自体は学生の「安保条約反対」の運動の中で大いに揺れていたが、私に関して言えば、資料収集、「高等教育」に関する論文のドラフトの執筆、そして博士課程大学院生としての演習への参加等を休止することはなかった。

共同研究の財政上の事情については全く知らなかった。ただしアメリカ人教授たちが次々に帰国し、海後教授が退官されるころになると、会の存続は難しくなった。私は海後教授の停年退官（一九六二年三月）と同時に博士課程の三年を終わり、いわゆるオーバードクターに入った。その後の指導教官は勝田教授にお願いし、奨学金なしの生活が始まった。他方、大学を通じての就職の話なども全くなかった。結局、在籍を延長してそれまでと同じように大学院博士課程の学生として学位論文の執筆を続けながら、一方で教育改革研究会の『高等教育』の論文の執筆もやめない、という生活を続けた。

この間、一九六二年六月から翌年三月までの一〇か月間、学術振興財団特別研究員として給費を受けたのは大きな幸いだったが、それも途絶えた。暫くは教育改革研究会資金の残りから、研究会報告書の出版後の印税相当分を分割して「前払い」してもらっていたが、あの出所は多分海後教授のポケットマネーだったと思う。のちに共著の『大学教育』の印税が出たときに、全額お返しすることができた。

海後・寺﨑『大学教育』の出版まで

戦後教育研究の成果が海後・寺﨑共著の『大学教育』（叢書「戦後日本の教育改革」第九巻）として東京大学出版会から出されたのは、一九六九年（昭和四四年）五月のことであった。前の章に記した時期からすれば五、六年後のことになる。

私はその三年前の一九六六年九月に博士論文を提出していた。その前の一九六三年から六五年までの二年半は、オーバードクターの院生から完全な失業者へ、という暮らしだった。

話が前後するので、年譜式に書いて見ると次のようになる。

一九六二年三月　大学院に在籍延長願を提出。オーバードクター生となる。

　　　六月　以後一〇か月間、学術振興財団特別研究員となる。
一九六四年三月　大学院在籍修了、「退学願」を提出。
一九六五年六月　財団法人野間教育研究所に採用される。
一九六六年九月　博士学位請求論文を東京大学大学院に提出（一九六七年一〇月、教育学博
　　　　　　　　士号授与）。
一九六九年五月　『大学教育』刊行。

最大限に取れば六二年から六九年までの七年間、博士論文書きとのちの『大学教育』の原稿書きという二重作業で、苦闘を続けていたことになる。それにつけても、あれほど勉強した時期はなかった。ただし、右の年譜で言えば、空白の一九六三年から六五年六月までは、中高校教師をしていた妻淑子の俸給と私の家庭教師の収入だけが生活の支えであった。

さて早く手を付けた『大学教育』のことを先に書いておこう。この共著が「戦後日本の教育改革叢書」の第九巻として世に出るまでの経緯は複雑だった。

海後教授の停年退官から「叢書」企画の直前までを簡潔に記した稲垣忠彦氏の回想論文がある。一部を引用しておこう。ただし氏は、かつての教育改革研究会には全く無縁であった。

　一九六二年、海後が東京大学教育学部を停年で退職すると、会は求心力を失っていった。六〇年安保の政治・思想的状況がそれを促進した。会と研究から離脱するスタッフが続き、

「ライシャワー路線」といったレッテルが、はるか以前にスタートしていたこのプロジェクトにも貼られた。

研究室を総合図書館から教育学部の一室に移して、研究会は続いていたが、大学紛争の最中において、学部スタッフによる研究はすすまず、助手グループによる作業は持続していた。このような研究の進捗状況に対して、フォード財団から疑念が出され、当初の契約にもとづいて、一九六七年六月、東京大学総長宛に一部返還の要請が届き、責任者であった海後は苦境にたたされることになった。

（稲垣忠彦「五〇年の本棚から─戦後日本の教育改革全一〇巻」東京大学出版会『UP』三四六号、二〇〇一年八月刊）

かつて海後教授のもとで博士論文を書いた稲垣氏は、一九六七年の四月に宮城教育大学から東大教育学部に講師として転任してきたばかりだった。その矢先に、かつての指導教授であった海後名誉教授を通じて、右の事態に直面することになったわけである。財団からの返金請求をどこが受け止めるかについていささか混乱があったようだが、結局海後名誉教授が自分の責任において処理すると申し出て、返還を実行された。

こうした経過と併行して進んでいたのが、教育改革研究会が収集した資料や原稿等を基盤にして、大規模な叢書を刊行したいという東京大学出版会の企画であった。この意向は、一九六七年六月に、海後教授から旧研究会スタッフその他への参加要請が発せられることによって動き出した。

稲垣氏は当時出版会の編集担当専務だった石井和夫氏との交誼もあって、重要な役割を果たすことになった。彼は、六五年から野間教育研究所に勤めていた私が研究会の助手をしていたこと、相当量の原稿を書いていたこと（四〇〇字詰め原稿用紙で約七〇〇枚になっていた）を知っていた。このような経緯のもと、海後先生を責任者とし、稲垣氏と私を幹事として、一方でかつての研究会の事態を収拾し、他方で新企画の「叢書」の組織・企画・進行に当たる体制ができた。

なお、かつての研究会に参加せず今回初めて執筆に加わる人が研究のための費用を必要とするときは、借り出しできる資金を設定した。その資金は海後先生が立て替えられ、本が刊行され印税が出た暁には先生に返却するというルールも作った。つまり貸与制の「海後科研費」が生まれたことになる。旧教育改革研究会の後始末から新企画発足まで、結局先生が全て引き受けられたのであった。

先の回顧論文にも触れられているように、叢書企画の幹事を始めた稲垣氏は、非難や批判を受けたようである。「『つぶすべき会をなぜ助けるのか』という、詰問調の『忠告』を受けたこともあった」と記している。だが、ともかく海後・寺﨑による『大学教育』は、叢書の先頭に出た。一九六九年五月のことである。大学紛争のさなかだった。四か月前には東大の安田講堂の「攻防戦」が演じられていた。相当に勇気のいる出版物であったが、さまざまな研究者やメディアの反響は極めて好意的だった。稲垣氏は「この『大学教育』の刊行によって、それまで周辺にくすぶっていた批判はピタリととまった。そして、同書の合評会をへて、それぞれの巻の執筆も拍車がかけられていった」と記している。

小さなエピソードを記しておこう。

叢書第九巻は、はじめ『高等教育』になるはずであった。そのように記したパンフレットもつくられた。考えて見ればかつての研究は米国教育使節団報告書に発しており、海後・ラッセル・寺﨑が研究の出発点とした同報告書第九章の英語章名はHigher Educationだったから、報告書である本が『高等教育』となるのは当然のことであった。だが、出版会のほうから疑問が出た。「『高等学校の教育』と勘違いされるのではないか」というのである。海後先生とも相談を重ねて「思い切って『大学教育』にしよう」ということになった。

今では奇妙な話だろう。だが、高等教育を「高校教育」と思うのは当時では十分にありうることだった。しかし、だからと言って『大学教育』と謳うのは相当な決心のいるものだった。それまで『大学論』という本はあったが、『大学教育』という本はなかった。それは「大学教育は存在するがそれを研究することはできない」というタブーを冒すことである。しかし海後先生も「やむを得ない」と言われ、題名は変わった。だが右の疑問のおかげで、この本は明治以後初の『大学教育』という本になった。

私のその後の研究にとって『大学教育』の執筆は実に大きい意味を持った。

第一に、海後先生との間で頻繁な討議と共同作業ができた。当時議事録が公開されていなかった教育刷新委員会の活動に目を開かれたし、研究室の皆でその総会議事録（マイクロ版）を熟読することも、かつての原稿執筆時に、先生の配慮のおかげでできた。私についていうと、短期大学の意義を軽視しそうになって先生に戒められたこと、「課題と展望」という節を各章につける計画を「今の情勢では危ないから、やめませんか」と申し出て「君は何のために研究してきたのか」と叱られたことなど、恵まれた研究指導のシーンを数々思い出すことができる。

第二に、この本で取り扱った内容が左のように広範なものだったことも有益だった。

欲を言えば、大学教員、私学制度、学生指導、カリキュラム、大学図書館等々のテーマも取り上げるべきだったろう。だが一巻では右の各章だけを収めるのも精一杯であった。「大学教員」「大学図書館」「厚生補導」といった原稿は用意したが、完成することは諦めた。

ただし戦後大学改革について広い範囲のトピックを調べ上げたのは、その後どれほどプラスになったかしれない。刊行時の一九六〇年代末には高等教育の爆発的な増加拡大が進行中であり、七〇年代以後になると大学制度の全面的な改編構想と大学教育改革の要請が次々に押し寄せるようになった。それらに対応するには、狭い局所的研究では足りない。初めての共著『大学教育』の元原稿執筆が二〇歳代半ばから三〇歳代半ばの私の肩にかかって来たのはいかにも重かった。しかし後年に大学史研究や改革実践に取り組む上では、計り知れない力になった。無謀に近いほどの広範な対象を見渡したことで、大学問題の地図が見えるようになったのだった。

叢書「戦後日本の教育改革」全一〇巻の刊行には長い年月がかかった。第一回刊行の『大学教育』が一九六九年五月、最終刊の山住正巳（のち東京都立大学学長）・堀尾輝久『教育理念』が一九七六年二月だから、七年近くの年月がかかったことになる。東京大学出版会の忍耐を称えたい。私は第八巻の海後編『教員養成』、第一巻同編『教育改革』を分担執筆する機会にも恵まれた。

けわしかった博士論文への道

前掲の年譜に戻ると『大学教育』の発刊より二年半ほど前に完成していたのが博士学位論文で

あった。

「近代日本における大学自治制度の成立過程」という題だったが、『大学教育』よりもさらに厳しい作業だった。

『大学教育』の場合は、ともかく指導教授と一緒の仕事である。いざというときは逃げ込み先がある。だが博士論文はそうはいかない。しかも大学史である。学科の中にも先例はないし、東大の全体をとっても、こんなテーマの学位論文はなかった。私のほうでも、最初は研究の焦点がなかなか決まらなかった。

修士論文で行なった旧制高校研究を続けて行く気はなかった。その代りにアルバイトのつもりで始めた教育改革研究会の大学史研究に関心が移っていた。それにしても、先述のように広範な対象を取り上げなければならなかっただけに、その中からは焦点とすべきテーマがなかなか浮かんでこない。「博士論文途上目次」という題を付けた古いノートがある。めくると、一九六〇年ごろは日本の近代大学発生史を通史的にまとめたいと思っていたことが分かる。だがそれでは海後先生はなかなかゴーサインを出されなかった。

だが、一九六二年あたりから二つのきっかけが与えられた。

一つは、停年になられた海後先生を囲む共同研究を、大学院生数人が集まって始めたことである。佐藤、宮澤、稲垣、堀内守（のち名古屋大学名誉教授）、山田昇（のち奈良女子大学名誉教授）、菊地城司（のち大阪大学名誉教授）および私の七人がメンバーとなり、一九六二年春から國學院大学図書館の井上毅文書（梧陰文庫）中の教育関係文書を徹底的に研究した。

実はこの文書群は、海後先生にとっても感慨深いものではなかったかと思う。かつてライフワークである教育勅語成立史研究に着手されたころ、閲覧を切望されたのにどうしても見られなかった資料が含まれていたからである。私たちが総ざらい的に検討していた二日間、先生もずっと付き合って下さった。一方、私のほうは、文庫の中に高等教育関係の文書約一八〇点があることが分かり、帝国大学整備作業に対する井上の深い関与を知る絶好の手がかりであることが分かった。

その後、皆で行なった井上毅の研究は、一九六八年に海後編『井上毅の教育政策』（東京大学出版会）として刊行されたが、「高等教育」と題した私の寄稿論文は、のちの博士論文への無二の基礎となった。また後述する『東京大学百年史』の執筆にも大いに役に立った。

博士論文へのもう一つのきっかけは、勝田教授が一九六〇年から大学院の授業で「大学の自由の歴史」という題のもとに、毎週、ヨーロッパ大学史を講じられたことである。ヨーロッパ大学史の基本テキストを選んで、その要点を通史的に語られた。英独仏語を自由に読まれ、哲学の基本素養を持っておられた先生の講義は、聞きごたえがあった。イギリスのラシュドールをはじめ、フランスのディルセ、ドイツのカウフマンなどの基本図書をはじめ多くの著作から学ばれたことを、綿密なノートをもとに紹介して行かれた。

梧陰文庫文書に接したのはその講義の三年目からであったが、おかげで大きなヒントが与えられた。「そうだ、大学の自由と自治」を焦点にして日本の近代大学成立史を纏めよう」と思うようになった。海後先生がたびたび言われていた「焦点を決めなさい」という課題がようやく解けてきた思いだった。

最初の成果は一九六四年に書いた「日本の大学における自治的慣行の形成」という論文で、翌六五年九月に『教育学研究』（第三二巻二号）に掲載された。三三歳のときだからずいぶん遅い出発だった。就職のほうは、この号が出る直前の六月、ようやく財団法人野間教育研究所に拾ってもらっていた。

博士論文のテーマ選択

ところで大学の自由と自治を中心に明治期の大学史を纏めようと思った動機は、梧陰文庫検索と勝田講義だけではなかった。戦後大学改革の研究に没頭していた一九六二年から六三年にかけて、文部大臣松田竹千代の諮問を受けた中央教育審議会は、答申「大学教育の改善について」を纏めかけていた。戦後初めて中央教育審議会が大学問題を取り上げたのだったが、その答申は「大学の管理運営に関する法律」を立法する必要性を示唆していた。その審議のプロセスで、大学側と政府・文部省との間に激しい対立が生まれていた。

占領下にも大学の管理運営が問題になることはあったが、この時の対立は、まさに「二度目の大学管理法問題」であった。立法反対勢力には大学の教授会、組合側、学生たちはもちろんのこと、国立大学協会も加わり、大規模に広がって行った。結局、大学管理法の立法は、一九六四年春には取りやめとなって事態はおさまったのだが、前年の一九六三年夏以降、東京大学は、立法反対運動の中心舞台になっていた。また日本教育学会には、大学制度を研究する委員会が早くから出来ていて、勝田先生はその世話人をされ、私は幹事を委嘱されていた。その委員会も大学管理法問題には長い時間とエネルギーを割き、会議の開催や資料集の刊行に努めていた。

あわただしい日常を送りながら、私も管理法の立法については「大学は自治の場だ、それを侵すことは許されない」という大学側の立場に深くコミットし、立法には反対していた。しかし他方で執拗に浮かぶ疑問は、この大学側の論理に確かな根拠があるだろうかというものであった。「大学は、今そんなに自由なのですか。それほど自治的に運営されているのですか」という疑問が消えなかった。アカデミック・フリーダムの理念を下降させ「大学自治の抑圧」を訴えて行くだけでよいのだろうか。

「自治は大学にとって不可欠なものである。大学はそれを守るために闘ってきた。自治的条件を保障するのが国家社会の務めだ。従って立法に反対する」という大学側の論理が普遍的な説得力を持つとは思えなかった。「大学の自治」は昔から今まで一本の丸太のように転がっているものなのか。実は時代によってレベルや形態の上で大きな違いを見せ、時代ごとに強弱を含んで成り立ってきたのではないのか。いったい何をメルクマールとして大学の「自治的状態」をつかむことが出来るのか。

もやもやの中で熟してきた右のような疑問と考え方とが、次第に大学自治の歴史的研究を徹底するように私を導いて行った。他方、教育改革研究会の中で学部の教官たちとの接点が増えるにつれて、自治の慣行と東大の社会的威信の上にあぐらをかいて研究らしい研究をしないでいる一部の教授会メンバーへの憤りも頭をもたげていた。今風に言えば「言説には騙されまい。歴史の中で『大学自治』なるものをリアルに、分節的に見極めてみよう」と思うようになった。

こうして、軌道に乗った学位論文は、着手後約五年、野間教育研究所に入ってから一年三か月後の一九六六年九月に、ようやく提出することができた。一八七七年（明治一〇）の東京大学成立から一九〇〇年前後の日清・日露戦間期までを対象にし、東京大学—帝国大学の大学管理運営の制度と権限関係、政権の意思、森有礼と井上毅らの動向や思想を配したものであった。図式的にいえば、管理法制と運営慣行の実態とを中央において、上からは政治動向と大学政策により影響されつつも、内では大学人の大学認識や学問教育意識が成長し、外からは言説や世論によって批判されたり支援されたりしつつ、大学自治のシステムがどのように創成されて行ったかを分析したものであった。

博士論文の審査は、当時一年かかった。「博士課程修了後二年以内までに提出した論文で合格した場合は課程修了博士とする」という研究科規程のおかげで、私は課程博士ということになり、教育学専攻課程の論文としては八人目、大学史を対象とした論文としては最初のものを出したことになった。「これを書いておかなければ大学院進学後七年間の苦労を証明するものはない」と思い定めた論文であった。

学位論文はかなり遅れたが、一九七九年、すなわち立教大学から東京大学へ移る直前に評論社が刊行してくれた。同社からは、大学院時代の苦しいときに家庭教師としてたいへん優遇してもらった恩義があった。学位論文より先には、上原専禄、南原繁、丸山眞男その他の大学人やジャーナリストたちが書いた論文を集めて『戦後の大学論』（一九七〇年、複初文庫）というアンソロジーを出してもらったこともある。

史料と視角

博士論文に関連してコメントを二点書いておこう。

第一は、東大で資料に関して受けたこのうえない便益のことである。梧陰文庫や吉野作造文庫等の公開された文庫資料はともかくとして、私の論文は東大の内部史料を博捜することなしには書けないものだった。

東大本部の職員の人たちとは、教育改革研究会助手として戦後の東大再編関係資料の閲覧をさせてもらった際に、一応の面識ができていた。しかし博士論文となると見るべき資料の範囲が違う。当時は非公開であった評議会記録を見なければならないし、また学部教授会が法的に発足した一八九三年（明治二六）より前の段階に存在したと言われる、法科大学と理科大学の「教授会」の簿冊も確認しなければならない。せめて簿冊の顔だけでも見ることができるだろうか。そう思っていた私がその希望をかなえられ、さらに一八八六年の帝国大学発足から一八九七年（明治三〇）ころまでの評議会記録の記事を一一〇〇余枚の手書きカードにすることができたのは、奇跡に近いことであった。

海後教授はかつて南原繁総長のもとで教育学部の創設に当たられた敗戦直後以来、歴代の諸学部長の中でも重きをなしておられたし、矢内原忠雄、茅誠司の各総長とも共に仕事をしておられたから、事務局への紹介は何の手間もなくやって下さった。特に評議会記録の管理を担当していたベテランの総務部長は私の意図をよく理解し、熟読の便宜を図ってくれた。法科大学と理科大学の初期教授会記録も、各学部事務長の裁量で閲覧することができた。「研究をなさるのなら」ということで裁量を図ってくれたのである。海後教授と当時の東大の総務・人事系職員の方たちとへの感謝はしてもしきれない。あの理解と厚意がなかったら、論文はできなかった。

一九六七年秋ごろ、論文審査の最終段階で、最終審査に当たった大学院教育学研究科委員会の様子を洩れ聞いたことがある。審査そのものは無事進んだ。だが「評議会の議事録が引用されているが、それが公刊されては問題になるのではないか」という疑問が研究科委員会の委員長から出たそうである。審査委員会の主査は本来、指導教授の勝田先生になるところだったが、ご病気のため仲新教授（日本教育史専攻）が勤められていた。同教授は「何しろ古い時代の記録ですから構わないでしょう」と答えて切り抜けられたらしい。

要するに当時大学の学内史料というものは、見ることさえタブーであり、まして引用・公表することなどは考えられなかった。いやそもそも歴史研究の対象と考える風土はなかったし、公表のルールもなかった。公文書等の管理に関する法律（二〇〇九年法律第六六号）が出るよりも半世紀前の話であり、例外的な私学を除き、国公立大学に大学文書館ができることなど夢物語でしかなかった時代である。

コメントの第二は、自治制度の成立過程を、政策、法制と学内規則、慣行、学内外の自治意識、政治動向といった諸要因に分けてその構造を明らかにしていく、という手法を取るに当たって、大きな影響を受けたのは、アメリカの著名な政治思想史研究家R・ホフスタッター（Hofstadter, R.）が行なった研究によるものだったという点である。彼はW・メッガー（Metzger, W.）との共筆の著書（*Development of the Academic Freedom in the United States*, 1955 邦訳『学問の自由の歴史』上・下巻、東京大学出版会）の中で述べている。「自分たちが本書で意図したのは『事件から事件へ』というアカデミック・フリーダム抑圧事件史ではない。その自由がどのように実現してきたかの歴史である。言い換えればここで示したのはアカデミック・フリーダムの『病理史』ではなく、『生理史』である」と。

読んだとき私は「これだ！」と思った。これまでの日本の大学自治史はまさに「事件から事件へ」の病理史であった。しかし本当に明らかにしなければならないのは、「大学の自由と自治」が、どのような歴史的構造の中に構築されてきたかという歴史ではないか。難しくてもそこを攻めて行こう。そのように考えて執筆をつづけた。

これについて一つのことを付け加えておこう。それは、学位論文執筆末期の一九六六年までのような大学内資料検索を、その後続けることができなかったことである。大きな原因はもちろん紛争そのものにあった。最盛時は七七校が紛争状態にあると伝えられるほどに情勢は緊迫していて、とても史料問題どころではなかった。しかしもう一つの問題は、各個別大学の学内資料そのものが未整理で、大学アーカイブズのような機関をつくるどころではなかったことにある。

六〇年代末に、ある旧帝国大学で沿革史が刊行された。中身を見ると評議会事項がかなり触れられている。事情を聞いてみると、編集委員の先生たちが評議会議事録を見て書いたということであった。「同じことが許されるなら自分も閲覧できるのではないか」と思って、知り合いのその大学の法学部教授から当たりを付けてもらったが、結果は全く「ノー」だった。よく聞くと、かつて年史編纂委員たちが閲覧した時も、資料庫のそばの別室で限られた時間だけ読むことを許されただけで、コピーはもちろん筆写も禁止されたということであった。

大学史料がそれほどにアプローチ困難な状況のもとでは、学位取得後に同じ手法で諸大学の自治制度史の分析を進めて行くことはできなかった。もし学位論文のときのようなアプローチが各地各様の大学で可能だったら、続けて著作を広げていくことが出来ただろう。だがそのように展開できる条件はなかった。

Ⅲ　大学・高等教育研究の時代を迎えて

大学史研究セミナーの発足と大学紛争以降

学位を取得した後、財団法人野間教育研究所での生活が一九七四年まで続いた。その間には、立正大学、国際基督教大学、青山学院大学、立教大学といった私立大学や東北大学や東京大学教育学部等で講義をしたり学界活動に参加したりした。だが前述のように、学位論文を発展させるような方向で研究を進めることは難しかった。

ただしこの時期、身辺には大学史研究を拡大する大きなきっかけが生まれていた。先ず一九六七年頃から各地の大学史研究者に呼びかけた「大学史研究セミナー」という研究組織が生まれたが、私もそれに一役を買うことになった。

学位論文に没頭していた一九六六年六月、野間教育研究所に広島大学教育学部の横尾壮英教授と東大教養学部の中山茂講師とが訪ねて来られた。横尾教授は一〇歳年上、中山講師は四歳上であったが、すぐに、年齢差にこだわらずお付き合いできるようになった。横尾氏はラシュドールの『大学の起源—ヨーロッパ中世大学史』（Rashdoll, H.: *The Universities of Europe in the Middle Ages*, 1895）の訳者として名前だけは知っていたが、中山氏は初めて会った人であった。しかし三人で語り合って行くうちに、私は「自分は初めて大学史プロパーのことを話す相手に出会った」という感動に浸って行った。これまで大学・高等教育のテーマを扱ってきたし、同学の仲間たちは「大学のことなら寺﨑が詳しい」というような扱いをしてくれていた。だが私のほうは、大学の歴史を、日本教育史といった専門領域の一部のこととしてではなく、世界的な「大学史」の一部として論じ合う相手に会いたいと思っていた。それが一挙に実現した。

以後いろいろな経過があったが、私が代表者となって一九六七年度の科学研究補助費（科研費）に応募して成功し、翌一九六八年の秋、第一回の「総会」となる研究会を開くことができた。はじめは科研費の事務的な集まり（研究連絡会）と思っていたその合宿会合は、いつの間にか同好の士による「セミナー」というものに発展し、その後九年間続いた。専攻分野や出身大学は無視し、大学史に関心があれば歓迎し、会合は合宿で行ない、その結果はタイプ刷りの小冊子（『大学史研究通信』一九六九年一月から七八年八月まで全一一号）で出して行った。

専攻分野にこだわらないという点は、他の研究会にはあまり無かったことだと思う。参加者の専攻分野は広かった。教育史（西洋・日本が主だったが少数ながら東洋教育史のメンバーもいた）と科学史を中心としたが、それに限らず、教育社会学、法制史、法思想史、技術史、医学史、図書館学などさまざまだった。会則も会費もなく、誰が入会し誰が退会したかもはっきりしない集りだったが、熱意だけは高かった。セミナーは年に一・五回程度の頻度で続けることができた。一九七七年の時点で、世話人役をやっていた横尾、中山、皆川卓三（ラテン・アメリカ教育史、神奈川衛生短大学長）、寺﨑の四名は引退した。

『大学史研究通信』は、評論社のおかげで一時は一般の書籍ルートに載せてもらうことができたが、一九七八年八月で終刊した。その後二〇〇四年に日本図書センターが全巻復刊し、併せて中山、上山安敏（法社会史・法思想史）、寺﨑、潮木守一（大学史）、天野郁夫（日本高等教育史）、別府昭郎（当時、明治大学教授、ドイツ大学史）がセミナーの歴史と意義をめぐる座談会を開き、解題にはその記録が付けられている。

なぜあのように夢中になって会合を開くことができたのだろうか。

一つは、参加者の大多数が、中味こそ違え、多少とも「孤独からの脱出」といってよい動機を持っていたからであろう。

私の例で言えば、日本教育史専攻の仲間はいたものの、実は孤独な作業であった。教育史は大学史に一番近い領域に見えるかもしれない。だが、「日本教育史研究」は、小学校教育から中等教育までを主な対象とする、という前提を持っていた。なぜかといえば、この領域は、もともと小学校教師養成機関である師範学校の「教育史」という科目で教えられ、初発の段階から戦時下までその内容を規定されていたからである。すなわちもっぱら学校特に小学校現場における献身的な実践や優れた思想を跡付けることとされ、「教員養成のための学問」という規定のもとにあった。「大学史」というテーマなどはその中に収まるものではなかった。かえって教育社会学研究者のほうが欧米の学術研究に親しんでいたし、そこでは自由に大学問題や大学史が扱われていたので、大学史研究への疎隔感が少なかったのではないかと思われる。潮木守一、天野郁夫、さらに初期の頃のセミナーによく出席した麻生誠といった優れた教育社会学研究者たちが大学史セミナーの有力なメンバーになったことも、偶然ではなかった。

上山安敏氏（当時京都大学法学部教授）は、一九六九年に広島の宮島で開催した第三回セミナーから参加した。氏は、どのような会かよくわからないまま宮島に来てみた、という。『法社会史』（みすず書房）を読んで感嘆した私が中山氏に伝え、氏が早速出向いてスカウトした人であった。だが次々に行なわれる報告や、皆の専攻や経歴を聞き、「『ああ、ここは浪人の集まりなのだ』ということが分かった」と前記の座談会で述懐した。考えて見れば横尾、中山、皆川、私を初めとしてどのメンバーも、「専攻」領域を外れた専門家だったのだ。乱暴に言うと、「正道」を外れた数寄者たちの群れの織りなす熱気が、あのセミナーを支えていた。上山氏は「ともかくこの会の自由な雰囲気は何ものにも代えがたい」と思ったという。その後最も熱心なセミナー参加者になり、セミナーが終わったころからは、ウエーバーやマルクスに関する著作を矢継ぎ早に出して行かれた。

二つ目に記しておきたいのは、セミナーの熱意の背景に「時代」というものがあったことである。偶然にも一九六八年秋、大学紛争と時を同じくして、セミナーは発足した。

紛争は、戦後学問史上の一転機という性格を持っていた。そのことと関連していたと思うがセミナーの席では講座制、学部学科の構成問題、私講師制度やドイツ大学のリハビリタチオンの制度問題、大学の「自治」の発想類型などがたびたび登場した。

中山氏がトマス・クーンの *The Structure of Scientific Revolution*, 1962を訳していたのも初期のセミナーのころだったと思う（中山訳『科学革命の構造』、みすず書房）。セミナー帰りの汽車の中で「ディシプリン（discipline）というのをどう訳したらいいだろうか」などという話題を議論したこともあった。それはパラダイムという言葉が普及する前である。思えば「境界領域」とか「学科横断的」といった言葉も、紛争中の一九六〇年代末から七〇年代にかけて普及して行った言葉ではなかったか。それらはセミナーの構造にも大いになじむ言葉であった。

ちなみに大学史研究セミナーは大学史研究会として新しい有志たちによって続けられ、専門的な機関誌は『大学史研究』として、二〇二一年現在、二八号まで刊行されている。

ところで、紛争を境に、大学そのものの性格が大きく変わったことはここに強調するまでもない。第一次の安保問題時代を過ぎた一九六四、五年から一九七四、五年までは、戦後日本の大学の激増期であり、学生数の爆発的な増加の時代であった。紛争は新制大学の大衆化のさなかに起きたことになる。

他方、一九七四年には高校卒業者の割合が八〇％を超え、翌一九七五年には九〇％を超えた。つまり高校教育の普遍化が実現した。ユニバーサルな高校教育の上にマス化した大学教育が載る、という事態があらわれたことになる。

横尾氏は、ラシュドールの翻訳を思い立ったころのことを記して、「〔そのころの自分の心裡にあったのは〕日本の教育学が、今まででこそ教育＝初等・中等教育という偏見に捕われているけれども、やがては、高等教育の大衆化という現実に覚醒されて、大学問題を取り上げることになるだろうということであった」と記し、さらに「ひとたびそのことが気付かれれば、日本独特の方式で〔大学研究が〕一種のブーム現象を惹起することも予測されなくはなかった。とすると、大学に関する古典的著作の翻訳がどうしても先行しなければならない。それなしには浮わついた議論だけが盛行する恐れがある」と記している（横尾「ラシュドール翻訳余話」『大学史研究通信』第一号、一九六九年一月刊）。

横尾氏がここに記したような感慨を持ったのは一九五〇年代末ごろだったようだが、六〇年代末にようやくその機会が来たのだった。大学人だけでなく、多くの人が否応なしに大学問題を考えなければならないことになった。横尾氏のいう「浮わついた」ものでなくとも、さまざまなレベルの、数だけは相当に多い大学論や高等教育論が、マスメディアや書籍出版界に現われ始めたことは確かだった。

状勢をよく示しているのは一九七二年にセミナー参加者の一人だった喜多村和之氏（のち広島大学名誉教授）が国際文化振興会から英文で出版した文献目録「日本における高等教育と学生問題」（*Higher Education and the Student Problem in Japan*）である。大学紛争前後における高等教育研究の状況と変化を解説入りで丁寧にフォローした目録だった。紛争を境に高等教育研究が急カーブを描いて増加しつつあること、しかしその中で標準的な文献はまだ少ないことなどを氏は指摘した。ただし海後・寺﨑の『大学教育』は戦後の大学改革をフォローしているだけでなく日本の大学を展望するにも最適のテキストであると強調してくれていた。また私は、紛争の終わりごろから編集を始めたアンソロジーとして先述の『戦後の大学論』（一九七〇年、評論社復初文庫10）を上梓していたが、それについても、日本の大学論史の信頼しうるテキストとして推薦してくれていた。

広島大学大学教育研究センターの発足

貴重な文献目録を作った喜多村氏は、発足当初からの広島大学大学教育研究センター（現在は高等教育研究開発センター）の専任教員だった。このセンターは紛争の渦の中で着想された日本の大学教育関係研究センターの第一号であった。

広島大学は大阪以西の国立大学の中で最も激しい紛争が起きた大学の一つであった。飯島宗一という明敏な若手学長のもとで紛争は終わりを告げたが、その渦中から芽生えてきたのが大学に関する本格的研究機関設置の必要性であった。紛争が収まると直ちに大学研究のためのセンターを立ち上げる活動が始まった。この着想を盛り上げ構想をつくった有力メンバーの一人が横尾氏であったという。センターは一九七二年四月に開設されたが、そのときに最初の専任助教授として国立国会図書館に勤務していた喜多村氏が着任し、七三年には広島大学工学部に勤務していた実験物理学専攻の関正夫氏が着任するという具合に、一挙に体制を整えて行った。

加えて、このセンターは、当時日本には珍しかった「客員センター員」という新しいポストをいち早く設けた。そのメンバーには中山、皆川、麻生、潮木、天野、私といった大学史研究会の常連メンバーが大勢含まれていた。私は客員制度が出発した一九七三年度の後半には、横尾氏の斡旋で学術振興会の流動研究員になり、野間教育研究所から派遣されるかたちで半年間広島に滞在し、発足直後の活動に参加した。その前年に、大学は東広島に統合移転することを決定しており、センターはそのプラン作りの一環も担っていた。私は関氏や喜多村氏にかぶさってくるこういう話に耳を傾けながら、他方で、日本学術会議で活躍していた飯島学長の意見書作成作業を補佐したりした。懐かしい思い出である。

ちなみに飯島氏は、私の旧師である勝田守一教授が若いころ松本高等学校（旧制）で哲学とドイツ語を教えておられたころの生徒であったらしい。紛争がたけなわだったころ勝田教授は重病の床におられたが、飯島氏が四二、三歳で広島大学の学長に選ばれたという記事を読んで、「ああ彼なら大丈夫だろう」と言っておられたという。

このセンターのような研究機構が出現したということは、戦後大学史の「七〇年代以後」が始まったことを示していた。そしてその出発の初期には、横尾氏を通じて大学史研究会のエネルギーが強く流れ込んでいた。大学の教育機能については、「それを研究できるのか」といった段階を越えて、「研究しなければ大学が機能しない」という段階に移っていたと言ってよい。

センターの発足と同時に刊行が始まった研究紀要『大学論集』創刊号（一九七三年三月）に私は「講座制研究序説（一）」を発表し、翌年刊の第二号にその続編（二）を書いた（のちに両編を合わせて『日本における大学自治制度の成立』二〇〇〇年刊増補版に収録）。「講座制」は、大学紛争を通じて絶えず批判の対象となっていた制度だっただけに、かつて検索した梧陰文庫文書を再び取り出して自分自身の解釈を加えながら自由に書いた。このほか広島滞在中に纏めたのは、『大学院・学位制度に関する資料集』（「大学研究ノート」通巻一九号、一九七五年三月刊）で、類書のない当時だったから珍しがられ、朝日新聞が報道した結果、余部はたちまち捌けてしまったという。

このほか国立教育研究所が編纂刊行した『日本近代教育史』全一〇巻のうち、学校教育篇（第三～六巻、一九七四年刊）に分載されている「高等教育」の通史執筆を終わったのも、広島大学滞在期間である。麻生誠氏（「大学史」）、天野郁夫氏（「専門学校史」）、二見剛史氏（「大学予備教育史」のち志學館大学教授）、寺﨑（高等教育史総体中の「理念・制度・政策史」）の四人で分担して、ともかく書きあげた通史であった。

このような半年を終わって財団法人野間教育研究所（以下野間研）に帰ったのは一九七四年三月だった。しかしその年の四月から私は九年間勤めた野間研を辞して立教大学文学部教育学科に移った。

日本教育学会の大学教育実践研究

ところでこの間併行して担っていたのが、日本教育学会で大学教育研究委員会という共同研究組織の一部を担うことであった。

この研究活動は、大規模なものであった。私は一九五九年の博士課程時代に学会に入ったのだが、その二年後の一九六一年一月に城戸幡太郎・松本金壽・勝田守一各理事を世話人として発足したのが大学制度研究委員会で、理事の勝田教授からの委嘱によって、幹事の一人になっていた。この研究会は、先にも記したように中教審の「大学教育の改善について」という審議動向をきっかけとして生まれたもので、最後には、勝田理事が「大学管理制度に関する意見と考察」（一九六三年八月）という冊子を作成された。日本教育学会の数ある意見書の中でも抜群にアカデミックな香りの高い意見書であり、私は注を付ける仕事を分担した。こうした一連の研究作業への参加が博士学位論文作成への問題意識を育てる契機になったことも特記しておきたい。また逆に『大学教育』のために集めた戦後の大学管理運営に関係する資料が、研究委員会の検討のためにも大きな基礎となったことも、昨日のことのように思い出す。

紛争直後にさかのぼると、日本教育学会には一九七〇年一二月から大学教育研究委員会という組織がつくられていた。紛争以後の大学教育を検討する大規模な組織で、委員長には会長の海後宗臣名誉教授自身が当たられた。「高等教育の大衆化と大学教育の問題ならびに課題」をテーマとし、一九七三年当時には、（一）高等教育の大衆化と大学間格差の問題、（二）大学設置の原理、（三）大衆化状況下における大学の学問研究と教育実践、（四）国民主体の形成と教員養成という四つの研究課題を設定して、グループを構成していた。私は（三）と（四）の課題を担うグループに入り、野間研時代の最末期と立教大学時代の初期とを過ごした。

この会のおかげで、日本学術振興会流動研究員として広島に滞在していた一九七三年秋に、立命館大学法学部で行なわれていた初年次生のための集団演習の授業を見学する機会を得たことは、特に忘れられない。学会とはいえ、大学の授業を参観したり学生の意見を聞いたりすることなど考えられなかった時代である。見学するほうも緊張していたが、される方もいい気持ちのことではなかったと思われる。だが等持院北町の立命館大学キャンパスで、二泊三日にわたって法学部授業を見学し、さらに桃山学院大学で教務担当理事にインタビューをするという調査活動をしたのは、貴重だった。

私は滞在中の広島から京都に赴き、多くの参加者は東京から出向いて落ち合い、この稀なチャンスを堪能した。東京から来た参加者には小沢有作氏らのほか、田中孝彦（のち北海道大学、都留文科大学教授）、田中征男（のち和光大学教授）、細井克彦（のち大阪市立大学教授）といった当時東大大学院生だった人々がいた。

このうち田中孝彦氏とはのちに「大学における教育実践の自覚と教育改革」（『教育学研究』第四一巻四号、一九七四年一二月）という報告論文を書いたが、この題目には大学での教育活動を教育学でいう「教育実践」という語で表わして行こうという研究委員会の空気が現われていた。いつの間にか、大学での授業のことを「実践」という言葉で表わしても非難されない時代になっていた。

他方、（四）の教員養成グループの活動としては、一九七四年九月に、稲垣、山田昇その他の研究者と一緒に、新設後間もない宮城教育大学へ行き、授業見学・討論・学生インタビューを含む二泊三日の調査旅行を行なうことができた。宮教大側では旧友・中森孜郎や横須賀薫（教育学、後に宮城教育大学学長）、中国文学の小野四郎や自然科学の高橋金三郎、それに学長の哲学者・林竹二らの各教授が授業を見学させ、討論を催したりして下さった。あえて繰り返すが、こうした見学や交流の機会は、紛争は収まったとはいえ稀に見るものであった。当時の日本教育学会の研究活動は、戦後大学教育研究史における画期をなすものではなかったかと思われる。

東京教育大学の廃止と筑波大学設立問題

「研究」というカテゴリーには入らないが、もう一つのことを付け加えてこう。広島に行く前年に関わった「筑波大学問題」である。

大学紛争の最中から、紛争とはやや別のかたちでくすぶり始めたのが、東京教育大学の移転問題であった。茨城県筑波の野に先端的な研究学園都市をつくり、その一環に国立総合大学としての東京教育大学を加えるという政府・文部省の大規模学園都市構想が、ことの発端であった。東京教育大学のスタッフの一部が講想への参加の意思を表明した。やがて新大学の構想には、研究・教育の確保のために管理運営制度を「効率化」することを目指して、意思決定・実施権限の「集中化」を図る内容が含まれるようになった。また併せて学部制を廃止し、学部教授会も教員会議に変質させる等の改編案も含まれるようになり、それだけでも大学側の一部から激しい反発を生んでいた。しかしさらに問題だったのは、「移転」反対派教授たちに対して執行部や賛成派教授たちがさまざまな仕打ちを行なったことであった。伝えられたところでは、反対派の教官の昇進は評議会で認められない事態になっていた。また幾人かの教官たちは、反対の意思を表明して学外に去っていた。学内での言論の自由も失われつつあった。

私は一九七三年初めに、『朝日新聞』編集部からこの件に関して論説を書いてほしいと頼まれた。東京教育大学が異様な事態になっているという噂は各大学にも広く知られ、日本教職員組合などでは議論もされていたらしいが、メディアで公けに論評されることはなかった。おそらく「他大学の内紛に口を出さない」という暗黙の前提が働いていたのであろう。七三年当時、私は野間教育研究所の所員としてそのような前提とは無縁だったから、無名ながら若手研究者に発言のお鉢が回ってきたのであろう。「関係者以外で大学の自由や自治のことを書いて下さる方は他におられない」と繰り返し頼まれ、断り切れなくなった。

学校教育法等の関係法改正案要綱が公表され国会提出が迫った一九七三年二月に論説を寄稿した。「大学の自由と自治―『筑波』の構想をめぐって」という主題で、「効率化の名で失う宝―権力からの守りどこへ」という見出しが付いていた。

思い切って発表した論説だっただけに、反響も大きかった。朝日の編集部には賛成派の教授たち五名が訪れて激しい抗議を寄せたと聞くし、私のことについては、「どういう専攻の人ですか」「野間研というのは一体どういう所ですか」と疑問に思う人も多かったそうである。所員三名、助手三名という小規模な研究所にとって、その所員が、当時最大の発行部数をもっていた『朝日新聞』に大学「内紛」への直言を載せるというのは、無視できない事件であったはずである。しかし理事会・評議員会等の機関でも何ら問題にはならなかった。私は、教授会もない場所で、研究者としての社会的発言の自由を保障されていたことになる。研究所に深く感謝した。

論説の一部を紹介しておこう。

大学の自由と自治──「筑波」の構想をめぐって
効率化の名で失う宝──権力からの守りどこへ

財団法人野間教育研究所員　寺﨑昌男

筑波大学の設置に伴う関係法律の改正案要綱（文部省立案）が公表された。閣議を経て間もなく国会に提出されるであろう。この要綱から予想される〝新大学〟では、現在の大学で自治的運営の基礎単位になっている学部教授会も廃止される。（中略）諸新聞に報道された骨子だけから見ても、それは国立大学のこれまでの管理運営方式と比べて全く異質のものであり、しかも、法制化されることによって部分的にせよ他の国立大学にも適用可能となることが予想され、その影響は大きい。（中略）

本紙（東京）でも報道されたように、大学の内部では、「移転」問題や新大学の構想に関してどのような意見を持つかが、教官の昇進の基準になっているともいわれる。このような事態のなかですでに〝大学に自治はなくなった〟として、公然と意思表示をした上で大学を去った教官も二、三にとどまらない。

大学が広いキャンパス、充実した設備、好適な環境を求めて移転を決定するということは、現下の状況の下で十分にありうることだし、その決定が形式的に合法なかたちで行われていく限りでは、大学の「自治」の範囲に属することがらであって局外者の口をはさむ筋合いのものではない、と一応いえばいえる。しかし、形式面での「自治」が構成員一人一人の思想や学問の自由を拘束するような事態をもたらす場合、それは個別大学の自治を越えた深刻な問題をはらんでくるのである。（中略）

一九六五年、東京で開かれた国際大学協会の総会に、アルゼンチンのブエノスアイレス大学の前学長M・フロンディシ博士は「大学の自治」と題する小文を提出した。同博士はアルゼンチンの大学がペロン独裁政権の崩壊後いかに自治建設に努力してきたかを報告したあと、もし「大学の自治」が大学の構成員の自由を抑圧するものとなったら、それは直ちに価値的なものから反価値的なものに転ずる、と指摘した。「大学の自治（ユミバーシティー・オートノミー）と学内の権威に対する構成員の自由（アカデミック・フリーダム）とは全く別物である」という言葉は、長い専制政治のもとで自治の侵害に耐え、その後の大学自由回復の苦しい歴史的経験を経た国の大学人の感懐として、極めて印象的であった。「自治」の実質をなす第一の要素は、大学のメンバーシップを持つ人々の「自由」にほかならない。
明治のはじめ、日本に近代的な大学制度が発足して以来、私たちは、大学を自分の手や意思で作ったという経験をほとんどもっていない。大学というのはどこか遠い海外のモデルをもとに、国家が国家の必要にもとづいて作るもので、突然ポッカリと国民の前に建てられ、離合集散させられ、また消えもするものだというのが、日本における大学、とくに国立大学の設置改廃のルールのようなものだった。（中略）しかし将来の国民の三人に一人、さらには二人に一人が大学で学ぶという事態を目前にして、大学は国民の要求と意思にもとづいて、それにこたえるものとしてはじめて存在理由をもちうるのだということがしだいにあきらかになりつつある。そのような大学づくりのための、最低の、しかし必須な要件が何であるかが、今問われているのではないだろうか。

（『朝日新聞』一九七三年二月七日夕刊）

制度原理としての「自治」と、個人が持つ自由権としての思想信条・言論の「自由」との異同と関連について、もう一歩踏み込んで書いておけばよかったと今は思う。しかし当時の私には精いっぱいの論考であった。この直後に私への審査を含む立教大学文学部の新任教員選考作業が進んだらしいが、その際、立教大学文学部ではこうした論考は「危険思想」として妨げになるどころか、逆に人事を促進する原因になったと聞いた。また自分にとっては、かつて執筆した博士学位論文の趣旨を確認するためにも、大いに役立った。

次いで立教大学に移って四年目の一九七七年三月に「東京教育大学の廃学」という論説を発表した。それはのちに東京高等師範学校・東京文理科大学・東京教育大学英文科の閉学科記念誌ともいうべき『ある英文学教室の一〇〇年』（福原麟太郎監修・高梨健吉他編、一九七八年、大修館書店刊）という本に収録されている。

ちなみに筑波大学は一九七三年一〇月設置となっている。その後一九七四年に医学専門学群・体育専門学群から開学した。しかし大学そのものは旧東京教育大学が移転したものではなく、筑波大学という新大学が設置されたのだ、ということになった。七七年の論説に「東京教育大学の廃学」と書いたのはそのためである。

野間教育研究所から立教大学へ

たびたび触れたように、一九七〇年代半ばまで所属していたのが財団法人野間教育研究所であった。

運営には講談社役員の高木三吉氏が当たられ、理事は石川謙、海後宗臣、木下一雄各名誉教授が就かれていた。同僚としては倉内史郎（社会教育、東洋大学）、阪本敬彦（教育心理学、のち女子美術大学）の両氏が終始一緒だった。一九六五年六月から一九七四年三月までの九年間を専任所員として過ごし、立教に移ってから二年間を特任所員として過ごした。結局十一年間お世話になったことになる。それは研究者としてのキャリアから言えば、何ものにも代えがたい貴重な期間であった。

研究所の研究費、図書費、それに人件費等一切の経費を講談社に仰いでいた。講談社は文字通り日本一の資金規模を持つ出版社である。そのような会社が、どうして地味な教育研究所を持つことになったかといえば、敗戦と占領という事情が絡んでいた。

占領が始まったころ、講談社はGHQから解体を命じられるのではないかと見られていたという。大正末期には毎号百万部を越えて発行された雑誌『キング』を持ち、最盛時にはそのほか『婦人倶楽部』『少年倶楽部』など九種の雑誌を発行し、部数は年に総計四四三〇万部に達していたが、それらの雑誌は戦時下に軍国主義的な傾向を強めていた。一九三八年に小学校に入った私も「講談社の絵本」や『少年倶楽部』の熱烈な読者だったが、読む号の多くが、人気冒険小説や漫画のほかは、「輝かしい皇軍」「軍神美談」といった特集のもとに、軍国調の挿絵、記事で埋まっていた。財閥解体政策のもとに大企業を解散させるような力を持つGHQが、この「戦犯出版社」を見逃すはずはない、と出版界の人たちは思っていたという。『家の光』『主婦の友』等の諸社も同じ位置に立っていたと言われる。

しかし解体は行なわれなかった。創業者の野間清治氏は一九三八年（昭和一三）に亡くなっていた。戦時下に同じように軍国主義的な色彩を強めていた旺文社（一九四一年までは欧文社）の創業者・赤尾好夫氏は出版報国団での活動のために公職追放を受けたが、亡き野間氏はその憂き目に遭わずに済み、講談社も存続することができた。しかし代わりに新方針として謳わざるを得なかったのが教育研究活動と幼児教育実践であったという。こうして本社内には野間教育研究所がつくられ、静岡県伊東市の別荘には野間自由幼稚園が創られた。

研究所のほうは、東京女子高等師範学校の石川謙氏、東京帝国大学の海後宗臣氏等を主軸として教科書研究の仕事が戦時下から始まっていた。その機関を改組拡大して新しい研究所が一九四六年に出発したのだった。

出発後、日本教育史の分野で研究所が優れた報告を重ねたのは周知のことだった。土屋忠雄・吉田昇他による『女子教育』(一九四七年)を始め、土屋『明治十年代の教育政策』(一九五六年)、石戸谷哲夫『日本教員史研究』(一九五八年)、尾形裕康『西洋教育移入の方途』(一九六一年)といった業績が次々に出ていた。一九六五年春、その研究所の専任所員にどうかという話を海後先生が伝えて下さった。それまでに、さる旧制帝大の助手の話と私立女子短大講師の話とがあったが、あえなく立ち消えになっていた。歳は取るしもう就職の口はないだろうと諦めかけていたところである。救いの綱だった。

話が来たころは先に触れた『教育学研究』への最初の論文(「日本の大学における自治的慣行の形成」)を執筆中であった。加えて同じ号に、重ねて依頼されて「大学史関係文献目録(日本)」を作成中であったため、野間研には一九六五年六月一日からの雇用としてもらい、ようやく普通の「給与」を貰う身となった。間もなく三三歳になろうというころだった。その一年三か月後に博士論文を完成し、四年後に海後先生と共著の『大学教育』の完成に漕ぎつけたことになる。さらに同じ海後編の『教員養成』(「戦後日本の教育改革」第八巻、一九七一年)を山田昇・林三平(青山学院短期大学教授)の両氏とともに上梓し、最後に叢書第一巻の『教育改革』を稲垣忠彦・平原春好(のち神戸大学名誉教授)・鈴木英一・山田昇氏らと出し終わる(一九七五年)というように、教育改革研究のまとめは、それこそ野間研の在任中を通じて絶えることはなかった。

その一方で所員として果たすべきだったミッションは、日本教育史研究部門として共同研究を組織し紀要の形で発表することであった。この仕事にも力を注いだが、成果としては紀要を一冊しか発表できなかった。佐藤秀夫・松野憲二(当時明星大学助教授)・宮澤康人・山内太郎(同、東京大学教授)各氏と共に著わした『学校観の史的研究』(一九七二年、紀要第二七集)である。世に出ると、石川松太郎氏(当時和洋女子大学教授)が主宰して日本教育史学会が公開書評シンポジウムを開いてくれるほど評判がよかったが、その次のプロジェクトはなかなか本にならなかった。特に申し訳なかったのは、最後に取り上げた「近代日本における軍と教育」という共同研究テーマで、参加して下さった方たちに大いに迷惑をかけた。怠慢の責めを免れない。ただし共同研究の中から平原春好氏による『配属将校制度成立史の研究』(野間研紀要第三六集、一九九三年)や佐藤秀夫氏による『日本教育文化史』(二〇〇五年、全三巻、阿吽社刊)といった作品が出たのは、せめてもの幸いであった。

紀要出版には貢献することができなかったが、所内で行なった活動は、申し訳に代わるものであった。

大学・学校沿革史の収集

一つは、大学・学校沿革史の体系的収集を開始したことである。入所して二年目に「ここに大学沿革史のコレクションを作ってはどうだろう」と思い付いた。

東大経済学部には会社史のコレクションがあって経営史研究に威力を発揮していることを知っていた。それと同じようなものを大学史で作れないだろうか。提案は理事会で認められ、その後、国立国会図書館の「納本週報」による寄附依頼と古本屋からの購入等を活用して、今日まで半世紀以上にわたって収集が続けられている。沿革史出版学校の種類は高校、小・中学校、幼稚園にも広がり、また収集の初めから専門学校、師範学校、旧制高校や軍関係学校も含めていた。二〇二〇年現在約八八〇〇冊のコレクションとなっていて、利用者も多い。幼稚園までを含めれば国立国会図書館に優に比肩する収書量かと思われる。「公益財団法人」としての野間教育研究所の資格と使命を代表する図書群である。半世紀にわたって事業を継続された研究所首脳部と歴代の図書担当助手の方々に感謝したい。

もう一つは、まさにこのコレクションを活用して、二〇〇〇年一〇月以降一二年間にわたって日本教育史研究部門の「学校沿革史の研究」を組織できたことである。

中野実（東京大学助教授）、西山伸（京都大学教授）、山谷幸司（仙台大学教授）、湯川次義

（早稲田大学教授）、米田俊彦（お茶の水女子大学教授）の各氏の参加を得て、大学および高等学校沿革史の書誌的・内容的研究を行なうことができた。私も理事の一人としてこれに終始参加し、中野氏は中途で惜しくも逝去したが、西山・湯川氏とともに、大学史関係だけでも左の紀要を出すことができた。遅すぎたとはいえ、かつての怠慢のお詫びの一端を果たせたかと思っている。

『学校沿革史の研究　総説』（紀要第四七集、二〇〇八年）
『学校沿革史の研究　大学編Ⅰ　テーマ別比較分析』（紀要第五三集、二〇一三年）
『学校沿革史の研究　大学編Ⅱ　大学類型別比較分析』（紀要第五八集、二〇一六年）

こうした持続的研究ができたのも、コレクションを活用してあらゆる高等学校・大学沿革史を使いこなすことができたからであった。

立教大学の刺激――教師修行と学部・大学院の授業

野間研を辞したころにさかのぼる。一九七四年四月から新しい職場となったのは、立教大学であった。四一歳で初めて経験した大学の専任教員生活である。かつて東大の大学院で同時代を過ごした社会教育専攻の室俊司氏や教育哲学の先輩・草谷晴夫氏が特に強く誘って下さった。その後五年の間、私立大学の教員として実に多くのことを学ばされた。

一九六八年から六九年にかけて立教大学では激しい紛争が起き、学生たちとの「大衆団交」の中で、教授たちが、大学の役割とそれへの自らの関わりをめぐって「自己批判書」を書いた。このことは大きく報道され、一部の世論からは批判もされていた。

私が立教大学に出向いたのは、一九七四年が最初ではなかった。その四年前の一九七〇年から文学部教育学科の非常勤講師として「近代教育史（日本）」という科目を持っていた。その科目の設置は、学生たちの要求に発するものであったらしい。文学部教育学科では、紛争の大きなテーマは「評価」の問題で、学生たちは成績評価やそれを基盤とする単位制度といったシステムを、権威に基づく「権力機構」であると捉えていた。東京都下の中学校で、音楽の評価にオール3を付けて評価制度に抵抗した女性教師が出た時代である。教育学科の学生たちの反応も珍しいものではなかった。そして彼らは同時に権力から脱した教育のあり方を考える「教育原論」の開設も要求していた。

その中で浮かんできたのが、近代教育の歩みを学べる科目が一つもない、ということであったらしい。教育史の科目を置くべきだという声が高まり、一九七〇年度から非常勤講師として私が呼ばれることになった。その後に聴講者は次第に増えて、四〇人ぐらいから一二〇人ほどにもなる学科有数の大講義（？）になっていた。

当時の教育学科には東大から来られた澤田慶輔教授（教育心理学）、細谷俊夫教授（教育方法）、戦後すぐに着任された草谷教授、それに室助教授がおられ、私の着任三年前に上田薫教授（教育哲学）、二年前に濱田陽太郎教授（教育社会学）が迎えられていた。このうち、上田、濱田の両教授は、前任校の東京教育大学の「筑波大学問題」にからんで抵抗したり抗議辞任したりしておられたのを迎えられたのだった。なお立教には文学部教育学科のほかに教職課程がある。私の就任の翌年に、同じく筑波大学批判派だった東京教育大学の長尾十三二助教授がその課程の教授として迎えられた。数年間に教育学関係のスタッフが急速に充実し、大学院入試にも他の有力大学の大学院を蹴って入学する者が出てくるほどになった。

就任後の立教大学でどのような刺激を受けたかについては、大学教師としての修行のことと教育史研究上の示唆とについて書いておこう。

修行とは大学教員としての「鍛えられ方」のことである。

一九七四年という時点で入った立教大学には、まだ紛争の余燼がただよっていた。附属図書館の購入図書に身分差別的な内容の文言が入っていることが問題になったり、総長の学費値上げ提案で学生から学年試験粉砕が提案され、それの影響で上田教授と私のゼミ生たちが文学部長室を占拠したり、学生たちはさまざまな問題提起を続けており、私たちはその対応に追われた。

感嘆したのは、文学部や法学部の先生たちが実に誠実に学生たちに対応されていたことである。講義のプランが表明されると、教員同士の間や学生と教員との間に討論や検討が徹底的に行なわれ、教授会の意向も、学生たちに率直に伝えられる。試験時の不正行為に対する処罰に際しても、驚くほどの丁寧さで経過調査が行なわれ、審議が進められる。

一方、文学部の教授会には、紛争時からの教訓に基づいて、学科・コースの壁を破って運営する工夫が凝らされていた。たとえば教員選考委員会の座長には学部内の「非関連学科」の教授が当たるというシステムになっていた。そうした諸工夫を守って開かれる教授会では、まるで学会大会のような激しい討論や厳しい相互批判が交わされた。

当時、文学部のスタッフには、フランス文学科にフーコーの訳者渡辺一民氏や社会思想の平井啓之氏、日本文学科に近代読者論の前田愛氏、西洋史にはイギリス革命研究の松浦高嶺氏やギリシャ史の高橋秀氏、キリスト教学科には組織神学の塚田理氏といった錚々たる研究者、論客たちが揃っていた。教授会では彼らを中心として、烈しい論議が絶えることはなかった。他方、教育学科の前述のスタッフも、新任・ベテランを問わず積極的な論客として活動していた。私も二年目から教務委員となり、三年目には教務委員長、四年目には理念委員会委員長にまで選ばれ、学生たちの異議申し立ての受け止め役の一人として否応なく組み込まれて行った。

学生たちに対して文学部教授会が宣言していた理念は「現代社会における人間学の再創造」というものであった。カリキュラムに関しても実施の前年度に公開して「説明集会」を開き、学生たちとの討論を経たうえで教授会の責任において決定して行く、という方式を厳重に守っていた。教務委員長はその説明集会の責任者だった。

先輩諸教授に聞いたところでは、立教大学は紛争中一度も機動隊を導入しなかった。研究棟の一部がバリケード封鎖された時、最高意思決定機関である部長会が警察力を要請する寸前まで行ったことがあったという。しかし常に臨席しているチャプレン（聖職者）が、この時は立ちあがり、「先生方が立教の看板を外されるつもりなら機動隊を導入されてもいいが、そのお気持ちがないならば再考していただきたい」と諄々と説いたという。

私にとって、立教大学文学部の就任期間は、学生の存在そのものを尊重し学生が提起している問題に正面から逃げることなく答える、という姿勢を学ばされた期間だった。言いかえればあの五年間は、その後二三年間続く大学教師生活にとって無上の入門期であった。

学生たちの意識と教育活動

教授上のことに移ろう。

私はのちにもう一度立教大学に戻るから、七四年から七九年までを第一次立教時代と呼んでおこう。この時代に受け持った科目は、専門科目としては「近代教育史（日本）」を担当し、そのほかに演習、卒論演習、初年次講義、大学院（修士・博士）科目、そして教育実習というように広がっていた。

当時四〇名前後いた初等教育課程の学生たちが受ける教育実習には学科教員が分担して取り組み、研究授業の指導に当たった。この職務は、その後東大や第二次立教大学での指導の際に大いに役立った。

だがここでは教育史の授業を通じての感想に触れておこう。学部段階では、専任になってからは、主に昭和期を取り上げて日本教育史の授業を進めた。「戦前の教育」「戦前・戦中の教育」「戦中・戦後の教育」「戦後の教育」というように短い期間を区切ってそれぞれ通年講義をしたから、かなり密度の濃い内容をもって日本教育史授業を編成できたと思う。講義して行く中で特に貴重だったのは、それまでの自分の研究関心を相対化する必要に気付かされたことであった。

大学院を通じてそれまで主として研究してきたのは、例えば田中不二磨、伊藤博文、森有礼、井上毅といった政治リーダーや法制官僚たちの政策活動研究であり、教育観の分析であった。また、教育実践の歴史を研究する場合も、対象として取り上げるのは指導的で著名な教育家たちであった。ところが立教大学の学生たちは、そういう対象の取り上げ方にほとんど興味を示さなかった。リーダーたちの活動や教育観をどれほど批判的に取り上げようが、さして感銘を受けず、「普通の」政治家たち、「普通の」教師たちがどのようなことを言い、どのような活動をしたかを語ると、身を乗り出して来る。

このような反応に接しているうちに分かってきたのは、東大の学生や大学院生であったころになぜ自分たちはあのような関心を持ったのだろうか、ということであった。無意識のうちに「自分たちもあのような『リーダー』になるかもしれない」と思っていたからではないだろうか。しかし立教の学生たちにとって、政治指導者たちも有名教師たちも別世界の人たちと見えるに違いない。それがこの反応になってあらわれるのかもしれない、というのが、私の観察であった。一九七七年、教育史学会が大会シンポジウムで「私の教育史教育」を取り上げた時、報告の中でこの観察を述べたところ、ある有力な西洋教育史学の会員が休憩時間に近寄ってきて「寺﨑さん、あれはおっしゃった通りですよ」と興奮してささやいてくれた。聞けばその会員は関東地区の私立高校から東京教育大学に進んだのだという。「自分は、高校・大学を通じて、有力者中心主義の教育史には全く興味がもてなかった、その理由はあなたの言われた通りです」というのである。

このような経験を経て、その後発表した歴史論文や随想の書き方はそれまでとかなり異なるものになった。例えば『チャペルニュース』や雑誌『教育』に書いた「進学・入試・学生」（一九七四年七月）「戦後教育について」（一九八三年五月号）といったエッセイは、それまで書いたことがなかった。しかし書いてみると、読者たちは大いに関心を持ってくれ、反応がたいへんこまやかになったのを思い出す。

他方、大学院では遠慮なく大学史を含むテーマを設定した。「近代日本の私学」「学制の総合的研究」といったテーマを次々に立てて、年度ごとに発表を積み重ねて行った。その中から新谷恭明「東奥義塾の研究」、中野実「大学令成立過程の研究」、菅原亮芳「夜間中学校の研究」といった学会発表も生まれてきた。このほか、非常勤時代の大学院指導の中からも私は多くの教訓を得ることができたが、すでに発表した記録があるから、参照して頂ければ幸いである（寺﨑昌男「大学生の学力について」、『大学教育の可能性』二〇〇二年、東信堂刊所収など）。

なおこの時期の大学院ゼミには他大学の教員、大学院生や社会人の参加が多く、高野悦子（和洋女子大学教授）、湯川次義（当時青山学院大学院生）、古屋野素材（当時慶應義塾大学院生）、榑松かほる（桜美林大学講師）、本多二朗（朝日新聞教育担当記者）の各氏、そのほか拓殖大学の小倉克彦氏（のち事務局長・常務理事）などが、それぞれかなり長期間「モグリ」あるいは公認の形で参加された。その一部の人たちは、東大で幾度も企画した日本教育史史跡見学旅行にも参加されるなど、お付き合いが続いた。

東大教育学部時代─大学院の指導を中心に

東京大学に転任したのは、一九七九年三月であった。移動先は教育学部教育学科の教育哲学教育史コース（以下「史哲」と記すこともある）であり、大学院では教育学研究科の教育学専攻ゼミ等を担当した。最初の同僚は教授に堀尾輝久、助教授に宮澤康人、吉澤昇の諸氏がいて、助手は田中孝彦氏であった。

そもそも東大の「日本教育史担当」というポストの選考は難事だったらしい。前任の仲新教授が停年退職されてから六か年も空席が続いていた。海後教授のもとで日本近代教育史研究が盛んだった東大がそんなことでは問題だ、ということが、大学設置審議会の部会あたりでも論議になっていたと聞いた。だがさまざまな事情から決定は長引き、寺﨑を入れるということも曲折の末やっと決まったのではなかったろうか。少なくとも「ぜひあなたに」というような話ではなかった。

全く気が進まないながら就任して、一三年半勤務した。文科系でも三〇年程度の勤務期間を過ごす例は少なくなかったから、短いと言えば短い期間であった。しかしその間負わされた職務は、学部教務委員長、大学院協議会委員、評議員、学部長であり、加えて教育学部附属中・高等学校校長、そしてその傍らに終始背負っていたのが東京大学百年史編集の仕事である。その編集委員会では、一九八三年度から八六年度までの四年間は、委員長役までさせられてしまった。

この間の歩みについては退官時に記した小文があるので参照願いたい（「東京大学での一三年半を顧みる」『東京大学教育哲学・教育史研究室紀要』第一八号、一九九二年六月）。ここでは大学院の教育と指導運営のことについて記しておこう。

第一に目指したのは、大学院教育と専門学会とをつなぐことであった。

東大に移って驚いたのは、大学院生の多さと研究室の独特の雰囲気であった。

筑波大学問題で東京教育大学の大学院が消えたことが影響してか、関東近郊をはじめとする国立大学の卒業生が集中して受験し進学して来ているという印象であった。従って演習の参加者も多く、毎年一五〜二〇名を下ったことはなかった。ところが日本教育史の研究動向や学会の動向について、院生たちの大部分は断片的な素養しか持っていないように思われた。そこで、思い切って、明治以降の教育を叙述した近代教育史文献を総ざらいすることをやってみた。最初の一年間、参加者の中で最も勤勉だったのは、なんと同僚の宮澤康人助教授だった。一時間も休まず出席され、討論にも自由に参加された。

ようやく総ざらいが終わった二年目からは、「学制の総合的研究」「明治一〇年代の教育」というように、時代を下りつつこれまでの研究水準を確認することを目標として運営して行った。だが日清戦争を過ぎたころになると先行研究そのものが乏しくなり、右のような方式で運営することが難しくなった。「明治期の教育雑誌研究」というテーマで一年半頑張った時期もあったが、報告者の負担が大きすぎてうまくいかない。試行錯誤の末、ゼミの指導者である私にとっても有用で院生たちにとっても興味深い「近代日本教育学説史研究」という柱を立ててみた。

この柱は、参加者にとっても魅力的なものだったようである。先行研究がほとんどない。従って自分たち自身で史料を開拓し試論を発表して行けば新しい知見に到達することができる。加えて、これからも教育研究に従事し、運がよければ大学の教職課程で「教育原理」を教えることになるかもしれない院生たちにとっては、教育学の基礎学習になる。また旧制文学部教育学科以来の伝統を持つ東大教育学部図書室には、専門の原論書や専門雑誌等がよく揃っており、学説史研究をするにはうってつけの環境であった。

一九九二年一〇月に立教大学に移るまでのおよそ八年間、大学院ゼミのテーマは右の「日本近代教育学説史研究」で通した。この間、ゼミ生たちの熱意も冷めることはなかった。

最後のゼミ生のうち一一名は、一九九一年に東京大学で開かれた日本教育学会大会で「日本諸学振興委員会」に関する共同研究を発表した。彼らの研究は、一九三六年から敗戦まで九年間にわたって進められた学術再編と学者動員政策について、すでに高い水準に達していたが、その後メンバーが各地に職を得て散っていくと、グループとしては解散した形になった。しかし一〇年後になると、徐々にエネルギーが再燃し、二〇〇七、八年度から本格的に再結集し、遂に二〇一一年には『戦時下における学問の統制と動員』（駒込武、川村肇、奈須恵子編、東京大学出版会）という大部の研究書を世に問うまでになった。ゼミの日から二〇年が経っていた。私も再結集後の研究会には終始同席した。成果は、総力戦体制のもとで日本の全学術の研究者たちが活動を統制されまた動員もされたプロセスに正面から迫る研究として、諸分野の研究者から高く評価された。異例の、顕著なゼミ成果であった。

学会での鍛錬と史跡旅行

大学院の指導について当時私が留意した事柄の中から三点をあげておこう。

第一に、大学院での指導プロセスに「学会で鍛錬を受けること」を組み込んだ。

繰り返すが、東大の「史哲」に赴任した当時、不思議でならなかったのは、大学院生たちが、学科の中の狭い空間だけで研究しており、教育学会や教育史学会といった教育研究者にとってメインの学会からさえほとんど無縁のところにいたことであった。この学科の所属教官を見ると、かつて海後教授は一五年間にわたって日本教育学会会長を勤めておられたし、勝田、大田の両教授や堀尾助教授もそれぞれ最も活動的な理事たちであった。ところがその足元にいる院生たちは学会の活動にほとんど関心を持っていない。

他方、私が足繁く参加していた教育史学会は、六〇年代末から大学紛争の教訓を受け止めて、研究や学会はどうあるべきか、自分と歴史研究との関わりは何かといったシンポジウムを積み重ねていた。だが「史哲」の研究室は、そういう活動ともほとんど無縁で、「別天地」という趣であった。

これではだめだと思ったので、学科の中の小さな紀要で遠慮なく苦言を呈した（寺﨑「教育史研究についての二、三の断想」『東京大学教育史教育哲学科紀要』第六号、一八八〇年五月）。そして、博士課程に進んだ大学院生たちには、修士時代の研究のうち自信のある部分を必ず全国学会で発表するように指導した。二、三年後その効果は表われ、教育史学会、教育学会等で頭角をあらわすものが生まれてくるようになった。

第二に、ゼミはなるべくコースワーク型のものにすることに努めた。

ただし当時教育学研究科の大学院は、概して五年間を通じてもっぱら研究職に就く人のための教育を行なう、という建前を崩すことはできなかった。従って、修士向けのゼミ、博士向けのゼミといった設定の仕方をすることはできなかったが、私は、例年のゼミに統一テーマを付けることは怠らなかった。そのテーマは教員があらかじめ責任を持って表明するが、それをいかに具体的に分化して行くか、分化したテーマを誰が担当するかといったことは、主に上級生から成るゼミ委員と教員とが討議しながら決めて行く、という方式で運営して行った。こういう方式を取っていたのは私のゼミだけではなかったが、こうすることによって、ゼミは一種の共同研究の形を取ることになる。また新入生たちも次第にテーマを分担し、協同で研究作業を進めることに馴れて行く。協同しながら同時に自立して研究を進めて行く力が付いて行くように思われた。

第三に正規のゼミの「裏ゼミ」や、院生たちが他大学の大学院ゼミにもぐったり、研究会に出席したりすることも勧めた。

大学院がこれほど拡大した今日、院生がおのおの選んでくる広範なテーマについて一人で指導できるような「碩学」がそれほど多いとは思えない。連携を旨として進まなければ実は大学院教育はできないのではないか。各教授が孤立して指導しようとする結果、大学院生の研究テーマを限定したり、人事の面で「囲い込み」をしたりする例も稀ではない。また教授たちのなかには、指導学生が他大学の研究者や院生と交流するのを嫌う人もいる。私は第一次の立教時代から「自分はそのようなことはすまい」と思っていた。

他大学院生との交流が実現したこととして、総力戦体制下の教育の研究が進んだ（後述）。加えて史跡視察旅行を始めて見た。

赴任して二年目、日本教育史概説の学部聴講生の中に信州からの派遣生の先生がおられることが分かった。院生たちと見学旅行をしたいのだが、と言ったところ、「私の所にどうですか」と言われる。喜んで世話になることにした。一泊で大学院生七名と一緒に信州の川中島戦場跡から佐久間象山の旧宅跡、そして松代学校跡というように、丁寧に案内して貰った。

これを皮切りに、ほぼ毎年一回は各地を回った。

主なところを挙げておこう。

鶴岡地方　（鶴岡藩校致道館跡、同歴史資料館、酒田市・本間記念館等）

山陽・大阪地方（岡山県備前市・閑谷学校、津山市・修道館記念館、大阪市・適塾跡等）
九州北部（中津市・福沢諭吉生家跡、国東半島・三浦梅園塾跡、日田市・咸宜園跡、
　　秋月城跡、多久市・多久聖廟、その他）
四国地方（高知市・自由民権博物館、中村市・歴史記念館、宇和町・開明学校跡及び
　　宇和町小学校跡）
中国地方（津和野市・養老館跡、山口県立文書館）

それぞれ二泊三日程度の旅行を行なった。三泊四日にわたったのは、中津、別府、大分、国東、日田、多久というようにマイクロバスを雇ってめぐった九州旅行であった。以上のほか宇都宮大学の入江宏氏に案内をお願いして足利学校見学に赴いたこともある。

かつて私は机上で議論ばかりしている史哲の大学院生たちに「もっと具体的な史料に惑溺してはどうか」と勧めたが、史跡を訪ね現地に立ってみるという経験は、大学院生たちに新鮮な印象を残したらしい。二、三年目になると、「今年は旅行には行かないんですか」と催促してくる院生も出てくるようになった。公費の枠などもちろんなく、どこからも補助は出なかった。しかし参加者の間に旅行を通じて人的なつながりができたのは、大きな成果だった。例えば九州旅行の際は九州大学教育学部講師であった新谷恭明氏と九大の大学院生・木村政伸氏（現在九大教授）が終始マネージをされ、東大の院生たちとの間にその後長い学縁が生まれた。

ふりかえってみると、東京大学勤務時代に私の関心を大きく占めていたのは、大学院教育とい

う課題だったことが分かる。その関心の起因を考えると、自分の大学院生時代に受けた海後宗臣先生の指導があったことに気付く。「修士課程の目標は学界の研究水準をしっかり押さえること、博士課程の目標は独創性を持った研究をすること」「新制大学院は、博士課程に三年いたら必ず博士になる、という制度である。博士学位なしでは大学院に行ったことにならない」。こういった見解のもとに訓練と共同研究的性格を持ったゼミを年々開講して行かれ、一九六三年に定年退官されるまでに史哲の院生の中から五人の課程博士が生まれた（山住正己、尾形利雄、堀尾輝久、稲垣忠彦、寺﨑昌男）。そのほとんどすべてが海後教授の指導下にあったものだった。あの指導こそ、のちの私の大学院教育への関心の源だったと思う。

東大生たちと受験体制

学士課程の教育にも相応の力を注いだ。東大在勤期間の中心は一九八〇年代だったが、それは戦後における受験・進学競争の最盛期といってよかった。進学競争の激浪をくぐって東大に来た学生たちと出会うと、「偏差値」「受験知」「序列」といった縛りが彼らの上に残した傷跡ともいうべきものに出会って、ハッとさせられることが幾度かあった。

たとえばゼミなどをやると、どう促しても質問も出なければ発言もない、といった堅い空気がなかなか解けない。暫く観察していると、それは目立つことを避けているからではなく、間違ったことを言うのが怖いからであるらしいということが分かった。

「正解」だけが正義であり「間違い」や「誤謬」は悪だという連関こそ受験・進学競争がもたらす典型的なメンタリティーである。学部段階、大学院段階を問わず、右のような場面に出会うと、私はゼミの司会を参加者に任せたり、コメンテーターを設定したりして運営の面で学生を中心にして、座を柔らかくすることに努力してみた。そして同時に「間違っていいんだよ。人間は、間違うことによって創造的な研究をしてきたんだ」「学問は恥ずかしいと思う場面から始まるのです」といったことを、繰り返し説かなければならなかった。学生たちの集団は、まるで油を浮かせた水面のようになっている。水面の一か所がくぼむと、そこへ水圧が集まって大変な事になる。だからみな必死でくぼむまいとする。馬鹿なことを言ったり間違った答えをしたりすると、それがくぼんだ油面になるので、彼らは先ずは目立たぬよう、間違わないよう用心して、黙っているのである。そこを柔らかくすることから始めなければならなかった。

ある年、ゼミを「大学論を読む」というテーマで開いた。民間の哲学者や評論家の大学論、また中教審その他の答申などを取り上げて、専ら現代的な大学論に絞って検討してみた。メンバーは教育学部のいろいろな学科から来ていて結構活発なゼミになったが、後半に入ったころ、テーマは学歴主義をどう考えるかという所に来た。

著名な論者の学歴主義論を検討した後、私は冗談半分に聞いてみた。「学歴主義、学歴主義というけれど、君たちも学歴主義で東大に来たの?」すると翌週の時間の初め、一人が「先生、言いたいことがあります」という。聞いてみると右の質問への答えである。「実はあの後、みんなで『いったいどうしてここを受けようと思ったか』と話し合ってみたのです。答えはいくつかありましたが、皆がただ一つ一致したことがありました。それは『自分のアイデンティティーを確かめてみたかった』ということです。日本一難しいあの入試に合格して『やはり自分には力があるのだ』ということを自覚するという気持ちになりたい。これが受験を促したのです。この点は、皆が一致したのです」。彼らも悩みながら出した「宿題」への答えだったのだろう。

大学受験とその合格がアイデンティティーを証明する最有力な手段であるという社会は、青年の育つ環境としてはいかにも貧しいものである。とはいえ非難されるべきは彼らではなく彼らをこういう所へ追い込んでいた社会だった。

右の実態は、「ともかく大学入試の時に偏差値が高かった学生なら誰でもいい」とかつてOECD教育調査団が指摘した企業の求人姿勢と見事に符合していた。右のゼミの一、二年後、バブル期に、親戚の者が役員をしていた縁で、珍しくも研究室を訪問して来た某大企業の人事担当者がいた。「ここは教育学部だよ、このあたりにはとても企業に行きたいと思っている者はいないのではないだろうか」という私に彼は真剣な顔で「先生、いいのです、何しろ四年前に駒場の試験を通ってきた人たちなのですから。学生さんたちの頭を何とかこちらに向けて下さるだけでいいのです」と懇望した。

このような圧倒的な実態は、東大に合格しても学生たちを追い込んでいた。

「東大に進んだらまた二年間進学競争が続く」というのが当時予備校などで公言されていたこと

だった。駒場での二年間の学業成績によって進学先が左右されることを皮肉った言葉である。二年生後期には否応なく自分の「進学振り分け点」（俗称：進振り点）が告知される。各学科目の優・良・可の成績を点数化して単位数などに応じて何倍かに換算し、その総計を総単位数などで割って平均点を出す制度のためである。現在ならＧＰＡ（単位履修に即した平均点評価制度）といわれる方法で出す数値に近い。その進振り点が時に学生の一生を決めることもある。幸か不幸か、当時教育学部は、教育心理学科や教育社会学科を別として、何点でも進学できる、学生たちが「底無し」と称する進学先であった。

一九八四、五年ごろだったと思う。秋深くなってから教育学部全学科の教員代表が揃って駒場に出向いて進学説明会を行うことになった。教育哲学・教育史コースの教員として行った私は、二〇〇人程度の学生たちを前に、こう言ってみた。

「私たちが教えている課程は教育学科の『教育哲学・教育史コース』、俗に『史哲』といわれるところですが、進振り点が何点の諸君でも歓迎しています。諸君の中にも進学したいと思っている人も、また迷っている人もいることでしょう。でも進振り点というものについて改めて考えてください。ドイツ語と物理学と保健体育との『平均点』というのはいったい何ですか？　算術的な平均点数ということを除けば、いったい何を表わすのでしょうか？　そういうことを真剣に考えて見たい人は、教育哲学コースに来て勉強してみてください。一体いつ誰が教育の場に『平均点』や『偏差値』などというものを考え始めたかということを調べてみたい人は、教育史コースで研究して見てください。私たちは何点の諸君でも歓迎します」。

この話は、学生たちに相当強い印象を与えたもののようだった。翌春本郷の学部に進学してきた三年生の中から、何人かが進振り点のことを話題にした。またその後二、三年の間に、駒場からの進学者の進振り点がぐんと上がったのも忘れ難い。

もちろんそれがこの話の効果だなどということはないが、八〇年代に進行した受験体制の矛盾が学生たちの間に「それは教育の本質から見ていったい何なのか」という疑問を呼び起こし、「間違い」「誤謬」を避け続けて受験戦線の勝利者となって駒場に来た学生たちの間に、自己批判をこめて、相対化と克服への意欲が静かに広がっていたのではないだろうか。

沿革史編纂への参加1――立教学院・東京大学

目を転じて大学沿革史編纂への参加活動を振り返ってみよう。先に触れたように、東大にいた間、『東京大学百年史』編纂への私自身の参加という重荷を担っていた。だがその前に触れておきたいのは『立教学院百年史』のことである。

立教学院から百年史の編纂に参加してほしいと頼まれたのは一九七三年であった。野間教育研究所勤務の最後の年で、立教大学では先述のように一九七〇年から非常勤講師を勤めていた。編集委員長にはキリスト教史研究の海老澤有道教授が当たられ、委員の中には日本近代史の大久保利謙教授もおられた。大久保教授は、かつて学位論文を書いたころ唯一の先行研究として何よりも頼りにした『日本の大学』（一九四三年、塙書房）の著者である。その先生とご一緒に仕事ができるのは大きな喜びであった。委員には、立教高等学校教諭だったイギリス革命史研究者の若原英明氏という金光教関係の旧知の親友もいたし、民俗史研究の宮本馨太郎教授、近世日本史研究の林英夫助教授もおられた。

私はかねて野間教育研究所の大学沿革史コレクションを見ながら、「一つの大学の歩みを徹底的に掘り下げてみて、そこから日本の近代大学史を照射するという経験をしてみたいものだ」と思っていた。そこへ来た立教からの依頼は、またとないチャンスであった。海老澤教授は、編集委員会で「これまでの大学沿革史には『注』は入っていないけれども、今回の本には入れて下さい」「沿革史ではなく、論文を書くという気持ちで書いて下さい」と宣言された。大いに勇気づけられた。

私は明治末期から大正の大学令期、そして昭和初期という時代を書くことになり、おりから一九七三年の後半に広島大学の大学教育研究センターに流動研究員として滞在していた時期を使って、書き上げた。「立教大学における『大学』への道」という論文のような題を自分で付け、大学昇格をはさむ立教学院の歩みを書いたものである。

今と違って聖公会の内部機関誌であるSpirit of Missionsも整理されていなかった。また明治四〇年前後に「大学」の称号を名乗ることを認可された日はいつだったかも確認されていなかった。しかし高等教育史研究の成果を生かして、何とか仕上げた。聖公会教団という目からすれば教外者であるので、成果がどう評価されるか心配だったが、同窓会機関誌に「〔今回の沿革史は〕寺﨑氏が執筆陣に加わったせいもあって、明治・大正教育史における立教の位置づけが一段と明確になされている」（八代崇）と評する文章が出て、一安心した。執筆者署名入り、出典注完備の、沿革史としては空前のスタイルで作られた本であった。

この百年史が実際に配られたのは一九七四年一一月の文学部教授会の終了直後の会場であった。そのとき私は文学部助教授になっていて配付を受ける立場にあったが、同学部はまだ学生運動への対応に追われていたさなかのことである。教授たちはいかにも冷めた受け取り方で、同席の海老澤教授や宮本教授たちにはお気の毒な状景だったのを憶えている。なにしろまだ騒然たる空気の中で作られたから、内容上は不備な点も免れなかったが、一九九六〜二〇〇〇年に出た『百二十五年史　資料編』（全五巻）や、二〇一九年現在編集中の『百五十年史』への重要なステップになった。

『東京大学百年史』の仕事が回ってきたのは、翌年、一九七五年のことである。「編集委員会の外部専門委員として週一回会議に出席してほしい」というのが、総長林健太郎名の委嘱状であった。推薦されたのは、その前年に東大を停年退職されたあと百年史編集委員に入っておられた仲新・元教育学部教授であったらしい。将来この委員会で、一九八三年から八七年まで委員長役を勤めることになるなど、夢想もしていなかった。

私が初めて全学委員会に出席したのは九月末で、四三歳になったばかりのときであった。委員会は東大の隣の学士会分館で開かれたが、私はその会議の雰囲気が余りに堅いのに驚いた。編集方針や執筆体制の話だったが、資料収集二年、執筆二年、合計四年後の一九七九年に事業を終了するという話だったと思う。このように進んだならば、後日の私の負担はほとんどなかったであろう。しかし実際には百年史事業の終了は一九八七年度となり、あの日から一二年かかることになった。

翌月から、安田講堂の中の編集室に一週間か一〇日に一度通った。当時は編集委員会の存在を全学に知ってもらうための活動に力点が置かれていた。専門委員の大久保利謙氏所蔵の加藤弘之関係資料・初期帝国大学関係資料の展示会のための目次づくりを手伝う等が当面の仕事であった。また法令・規則等基本的な史料の収集には専任助手として入っていた酒井豊氏（教育学大学院修了、のち青山学院大学教授）が、研究室の運営や庶務には弥永千代子氏（のち小川千代子氏、国際資料研究所代表）が当たり、編集室員として卒業生の進路分析に当たっていた三谷博氏（当時国史学科大学院生、現在東京大学名誉教授）らがいた。これらを統括しておられたのは編集委員会委員長で仏教教団史研究の日本史学・笠原一男教授（教養学部）で、東洋史学者でトルコ民族史研究の森雅夫教授（文学部）と近代建築史研究の稲垣栄三教授（工学部）とが副室長を務めておられた。中堅ないしそれ以上の著名教授が揃っておられたのだが、本格的な資料検索はまだであり、かつて学位論文を書いたときに利用した附属図書館地下室にあった本部の簿冊文書群も、手つかずの状態であった。

こののち一九七六年、七七年、七八年と安田講堂通いは続いたが、その間、仲・元教授は研究室運営に関する方針の違いから専門員を辞してしまわれた。一九七八年から編集委員会委員長・室長の任に当たられたのが日本古代史料・政治史研究の権威である土田直鎮教授（元・史料編纂所所長、文学部）であり、その下に先述の稲垣教授が就かれ、翌七九年からは専門委員だった現代政治史の伊藤隆氏（文学部助教授）、古代文化史専攻の益田宗氏（史料編纂所助教授）が副室長になって、百年史編集は本格化して行った。

その後の編集事業の進展については、『東京大学百年史通史三』に記した編集後記や、編集室が発行した『東京大学史紀要』第六号（一九八七年三月刊）に、主な編集委員会委員が記した回想を参照いただきたい。印象に残っている点だけを記しておこう。

第一に、前後一二年間の事業の中で多くの若手研究者たちが育って行った。「編集室員」となっていたメンバーの身分は「教務補佐員」ということになっていて、それ相応の給与が出ていてアルバイトになった。しかしそれだけではなく、互いの切磋琢磨の中で、大いに磨き合う関係ができて行った。なぜ切磋琢磨できたかというと、学閥や専攻別にこだわらず「きちんと大学史の史料収集と執筆ができる人」という目安にもとづいて、多くの若い人たちを室員に招いたからである。伊藤隆氏の属する国史研究室からは前記の三谷氏をはじめ梅沢ふみ子（のち宮崎氏、恵泉女子大学教授）、のち照沼康孝（文部省教科書調査官）、季武嘉也（創価大学教授）、梶田明宏（宮内庁書陵部）ら一〇名近くの大学院生（当時）諸氏が次々に室員となった。近現代日本史研究の訓練を受けてきた彼らの研究の方法や姿勢は、教育系の室員たちにとって貴重な刺激になったはずである。

教育系からは、酒井豊（当時専任助手、のち青山学院大学教授）、舘昭（のち大学評価・学位授与機構、桜美林大学大学院教授）、古屋野素材（のち明治大学教授）、中野実（百年史刊行期には専任助手、のち東大教育学部助教授）、新谷恭明（のち九州大学教授）、前田一男（のち立教大学教授）、小熊伸一（のち中部大学教授）、羽田貴史（のち東北大学教授）、さらにのちには清水康幸（のち青山学院女子短期大学教授）、米田俊彦氏（のちお茶の水女子大学教授）、西平直（のち京都大学教授）といった多彩な人々がいた。

このようなぜいたくな人材集めができたのは、基本的には、百年史編纂事業が東京大学創立百年記念事業という大きな基盤の上に据えられていたからである。「目標五〇億円」を標榜していた寄附募集は難事だったらしいが、室としては、若いメンバーを雇い入れるのに財政的な不自由を感じることはなくて済んだ。次に、土田委員長が史料編纂所の習わしを心得ておられたことも大きかった。それは「ある研究事業を行なうとき、学閥にこだわらず、とにかく仕事のできる人にやってもらう」という人事方針だった。編集室でもこの姿勢を堅持されたので、安心して大学院生たちを紹介することができた。

第二に、最も大きな要因は、上は委員長から編集室員まで、自分たちの仕事を「室の事業」としてよりも、むしろ「歴史研究のプロジェクト」と意識していたことではなかったろうか。事業の継続は長期にわたり、委員長だけで笠原、土田、寺崎の三代に及んだ。十二年間続いた編集事業の真ん中の六年間（一九六七年四月から八三年三月まで）を担われた土田教授の醸し出された学者としての雰囲気、伊藤教授と国史学科大学院生との間ならびに私と教育系院生たちとの間の密接な関係、これらが生み出した研究的雰囲気は、オフィスのものでなく研究室のものであった。もちろん東大の担当事務局（広報課）から見ればこの雰囲気は決して好ましくないものだったろう。しかし勉強盛りの研究者たちが自由な雰囲気のもとで刺激し合い交流し合ったりするには好適なものだったと思う。今後各地の大学で沿革史編纂の作業は盛んになっていくだろうが、その事業が同時に新進研究者の育成活動にもなって行くことを望みたい。

満六〇歳になった直後の一九九二年一〇月、半年後の停年を待たず私は立教大学文学部に戻り、教職課程の教授になった。そしてその直後から『立教学院百二十五年史』の編纂に参加した。東大のころ助手として百年史編纂を全面的に援けてくれた中野実氏が今度は立教学院嘱託として特に中軸になってくれた。財政上の都合から、全五巻の通史編予定が史料編シリーズに転換せざるをえなかったのは残念だったが、編集上は特に問題はなかった。

ただし貴重だったのは、編集委員長がイギリス近世土地制度史研究の鵜川馨《かおる》経済学部教授だったことである。おかげで史料選択や掲載の手法、原典表示の仕方等の点で、厳格な史料集ができた。またその際の戦力になってくれたのは、文学部史学科および教育学科卒業の大学院生たちであった。東大の経験と併せ考えても、沿革史編纂には、政治・社会史学と教育史学との両領域の若手研究者の奮闘が欠かせないことを、痛感した。中野実氏が東大に復帰したのち助教授に昇任した直後に逝去したのは悼ましい限りであったが、献身と功績には特記されるべきものがあった。

『東京大学百年史』全一〇巻（通史三巻、資料三巻、部局史四巻）の刊行が終わったのは一九八七年三月で、困難を極めた部局編の取りまとめには益田副委員長が当たった。

沿革史編纂への参加2――東洋大学・大学基準協会

立教に移る直前の一九九〇年から参加したのが『東洋大学百年史』の編纂であった。東洋大学が百年史編纂を計画していることは第一次の立教時代から聞いており、その後優れた写真図説として『図録　東洋大学１００年』（一九八七年）を出されたことも知っていた。しかしその後どうなったかは少しも聞こえてこなかった。

学内の事情から編纂事業を立て直すことになった、外部から専門委員として援けてもらえないか、という話を当時東大の教育学部長だった私の所に持ってこられたのは、かつて野間教育研究所時代の同僚で東洋大学常務理事になっておられた社会教育専攻の倉内史郎教授と日本近現代宗教史の高木宏夫教授とであった。高木教授は東洋大学井上円了記念学術研究センターの所長を兼任されていた。過去のいきさつは別として、今後編纂はそのセンターが受け持つことになったと言われた。当時東大は「大学院重点大学化」という大転換の最中で、学部長職も繁忙を極めていたが、都心の大規模私学がどのような沿革史を出されるかは重大なことなので、学外からの協力をお引受けした。そして当時立教で嘱託をしていた中野実氏を推薦し、共同でサポートをすることにし、文京区白山の同大学に時々通うことになった。

ただし自分で史料開拓をしたり編集をしたりしたわけではない。高木教授を始めセンターの先生方や助手、若手の人たちの推進される作業にアドバイスしたり、全巻の構成会議に出たりするのが役割だった。一九九五年には通史編二巻、部局史編一巻、資料編四巻、年表・索引編一巻の全六編八巻の、私学の中ではかなり大規模な沿革史が完成した。私と中野氏の仕事は、通史編二巻の中の「概説」六章を分担して執筆し、併せて全巻の最終校正に当たることであった。

特に通史編第一巻第一章の概説「創設者井上円了と私立哲学館」は、全巻の開幕となる数ページなので、大変なプレッシャーになった。だが、のちに高木教授から「あの概説原稿を頂いたときに、思わず『うん、これでできた!』と叫んでしまいました」と言われて、ほっとしたのを憶えている。刊行終了に当たっては、理事長(塩川正十郎氏、衆議院議員・元運輸大臣・文部大臣)の主宰で盛大な全学記念パーティーが催された。

沿革史の中で忘れられない経験に、木村元(当時東大院生、のち一橋大学教授)、所澤潤(同、のち群馬大学教授)、鈴木そよ子(同、のち神奈川大学教授)とともに行なって、『誠之が語る近現代教育史』(一九八八年)という大部の本になった文京区の誠之小学校史がある。

しかし大学史という点では何といっても『大学基準協会五十五年史』（通史編・資料編、二〇〇五年）の編集と刊行が思い出深い。

一九八一年頃、当時の事務局長・大竹博氏が理事会の意向を踏まえて、「沿革史を編集願いたい」と東大の研究室に依頼に来られた。『三十五年史』にしたいということであった。同協会の創立は一九四七年（昭和二二）であり、すでに一九五七年にユニークな『大学基準協会十年史』が出ていた。一九八二年の三五周年を目指して沿革史を出したいという企画であった。海後先生との共著『大学教育』を書く過程で同協会にはたびたびお世話になっていた。大竹氏が来られたのは『東京大学百年史』の史料集めが山場にかかっていたころであったが、喜んでお引き受けした。協力を依頼したのは田中征男氏（野間教育研究所、のち和光大学教授）、および古屋野素材、前田一男の教育史・大学史の専門家たちであった。

私が主査ということになって協議が進んだが、田中氏を除いて、原稿の進みが極めて遅かった。田中氏は協会発足前の大学設立基準設定協議会の事績を始め、大学設置基準から大学基準への歩みについて詳細な記録を完成し、それをもとに『戦後改革と大学基準協会の形成』（一九九九年、JUAA叢書、大学基準協会刊）という、のちに単行本として広く読まれる学術書を公刊された。また戦時下および敗戦直後の大学設置政策と計画については、羽田貴史氏（福島大学、当時）にお願いして「戦後教育改革と大学の国土計画」（Ⅰ・Ⅱ）を協会の『会報』誌上に掲載してもらうことができ、それも後に同氏著『戦後大学改革』（一九九八年、玉川大学出版部）の主要部分となって出版された。このように「副産物」は豊富にそろったものの、本史の原稿ができず、また事務局と編纂室との関係にも不調和が芽生えたこともあり、編集作業は長い間棚上げ扱いとなっていた。やっと本格化することになったのは私が桜美林大学大学院の勤めを終わろうとする直前の二〇〇一年のことである。当時の澤田進事務局長の肝煎りで作業が復活し、私が責任を持つことになり、併せて編集助手として石渡尊子氏（当時野坂尊子、現在桜美林大学教授）が無二の協力者となってくれた。

私と石渡氏とのコンビで通史編と資料編各一巻、菊判全二巻一一五八頁の沿革史が完成したのは二〇〇五年四月のことだった。再開後だけでも四年かかったことになる。だが外を見れば、一九八〇年代半ばの臨時教育審議会の答申が大学の自己評価の重要性を強調し、大学基準協会は二〇〇二年から「認証評価機関」ということになり、二〇〇四年からその作業を実施する機関になっていた。私どもの五五年史はまさにこの転換の直後に刊行されたことになる。現代部分の執筆には日永龍彦（山梨大学）、早田幸政（中央大学）、前田早苗（千葉大学）、工藤潤（基準協会事務局長）といういずれも編纂当時やその前後に事務局におられた方たちが当たってくれた。三五年史の予定が五五年史となったのは、まことに恥ずかしい遅延であったが、皮肉にも日本の大学評価が設置認可という事前評価重点の時代からアクレディテーションという事後審査重点の時代へと移る画期的な時期までの同協会の全史を説き明かすことができたことになる。

編集の過程では、（一）占領軍文書の検索のために田中征男氏とスタンフォード大学へ調査に行くことができたこと、(二) 通史編の各章ごとに戦後大学史と大学基準協会の活動との関連を記し、おのずから戦後大学史が浮かび上がるように努めたこと、(三) 占領軍文書の有効な活用を目指して記述を充実し、また占領期にGHQ・CIEの担当官たちが協会で行なった講演の記録を資料編にすべて収めたことなどが忘れられない。このほか、編纂作業に声援を惜しまれなかった大南正瑛氏（当時立命館大学総長）、飯島宗一氏（名古屋大学総長）、清成忠男氏（法政大学総長）の各会長や専務理事たち、また編纂作業に終始厚い支援を送ってくれた澤田事務局長および刈田草一元事務局長の激励が何よりの力になった。

二つの共同研究―戦時下教育研究とハウスクネヒト研究

大きくさかのぼるが、東京大学に移ったころに戻ろう。先に触れたように、私は大学院教育の大学間セクショナリズムを何とか打破したいと思っていた。大学を越えたベースを持つ史跡見学旅行は有効な手段だったが、「戦時下教育」の共同研究も大きなきっかけになった。

当初は大学院生の中の数人が開いていた研究会であった。数回開いたのち「先生も一度来てください」と頼まれ、出席したのは一九八一年五月ごろであった。出てみてすぐに分かったのは、第二次世界大戦そのものの戦争史的性格に関する検討が不足していること、戦時下資料の読み方が足りないことなどであった。そこで、「総力戦体制」「国民学校制度」等に関してあらためて問題提起をしているうちに、研究会から足が抜けなくなった。

結局その後約五年間の共同研究に参加し、寺﨑昌男・戦時下教育研究会編『総力戦体制と教育』（東京大学出版会、一九八七年）として公刊することができた。東京大学百年史の刊行期と重なっていたから苦労は並大抵ではなかったが、東京大学勤務時代において最も思い出深い共同研究であった。

印象に残るのは、この共同研究を通じて、東大大学院と立教大学大学院、およびそのどちらにも属さない若手研究者たちが積極的に参加してきたことである。執筆の時点まで参加を続けたメンバーをあげておこう（執筆順。括弧内は公刊当時の所属）。

清水康幸（野間教育研究所）、齋藤利彦（学習院大学）、前田一男（立教大学大学院）、鈴木そよ子（東大大学院）、米田俊彦（東大大学院）、横畑知己（東大大学院）、上平博康（品川区）、佐々木尚毅（立教大学大学院）、伊澤直也（東京大学大学院）。

東京大学大学院となっているメンバーも、専攻課程は学校教育専攻、教育行政専攻等に分かれていた。出身・所属課程と大学との縛りを離れた研究者集団であったと言ってよい。『総力戦体制と教育』は初版当時もすぐに版を重ねたが、その後二〇〇八年には読者要望による「書物復権」の対象となり重版された。戦後の日本教育史研究では、戦時下教育をもっぱら天皇制教学の影響下のものとしてだけ捉える傾向があり、総力戦体制との関連でとらえる研究は少なかった。そのために、この本は現在も大学史・文化史の領域でよく参照されている（例えば江島尚俊「総力戦体制下における教育・学問・宗教」、二〇一七年三月、シリーズ大学と宗教Ⅱ、『戦時日本の大学と宗教』所収、法蔵館刊)。

『御雇教師ハウスクネヒトの研究』は、第一次立教時代に大学院修士課程修了の榑松かほる氏(当時桜美林大学助手)と共同研究に着手し、一九七八年に教育史学会で発表して機関誌掲載論文に推薦されたのが第一歩であった。東大に移ってから数年後に研究を再開し、遂に一九九一年に寺﨑・竹中暉雄・榑松の共著として出版することができたのだった。

Emil Hausknechtという奇妙な名(ドイツ語では家僕、下男等を意味する)のドイツ人教師は、日本におけるヘルバルト派教育学の導入者として、また帝国大学文科大学の特約生教育学科(中等教員養成機関)の創設者として、教育学界では極めて著名であった。しかし来日した時には家族連れだったのか独り身だったたか、帝国大学解約ののち帰国してからはどういうキャリアをたどったか、正確な没年はいつか、こういう初歩的なことがすべて茫漠としていた。東大でその研究を再開したとき、私は東京大学百年史編集室で学内の資料を広く閲覧することができるようになっていたので、あらためて榑松氏とともに研究を再開し、同時に桃山学院大学教授であった竹中暉雄氏という未知の、しかしドイツ教育思想研究に学識の深い研究者のことを知り、連絡を取って加わってもらった。氏がドイツ語に堪能だったことは大きな力になった。竹中氏と榑松氏は、その後報告書完成前にそれぞれドイツ調査旅行を行ない、ハウスクネヒトの伝記的事項について貴重な情報をもたらしてくれた。学縁というものの貴重さに感謝するという意味でも、東大時代末期に完成した忘れられない共同研究であった。

それにつけても、あの一三年半に、東京大学出版会には大いにお世話になった。

右の二冊の共同研究の出版のほか、立教へ移った直後に出版された単著『プロムナード東京大学史』（一九九二）は、もともと同会の広報誌『ＵＰ』に連載したものであった。また『東京大学百年史』全一〇巻は、全巻が東京大学出版会刊になっていたし、退職前に伊藤隆・益田宗氏らと復刊した『東京大学年報』全八巻も、同会の厚意によるものだった。さらに一部分私が寄稿した出版物に『文明と人間』（一九八一）、『大学入試制度の教育学的研究』（一九八三）、『教育の原理Ｉ』（一九八五）、『教師のライフコース』（一九八八）がある。これらのほか『井上毅の教育政策』以来、複数で行なった研究だけをとっても、『教員養成』（戦後日本の教育改革八、一九七一年）、『教育改革』（同1、一九七五年）などを出してくれたのは東大出版会だった。

一九九〇年代半ば以降の活動について「君なりの独創的な個人研究はあったか」と問われるならば、ハウスクネヒト研究や東京大学史に関する一、二編の著作、ノートを除いて、「ほとんどありませんでした」と答えるほかはない。もっとも先述の『東洋大学百年史』はこの時期に刊行を終わったし（一九九五年）、国立教育研究所の佐藤秀夫氏、元・聖心女子大学の橋口菊氏らの長年の作業に加わって進めてきた『教育刷新委員会・教育刷新審議会　会議録』全一三巻（一九九五～九九年、岩波書店）の刊行が進んだのは、その時期だった。ただしそれらは一九八〇年代に始まってこの時期に結実したものばかりである。教育刷新委員会・審議会の会議録については、かつて戦後大学改革や教育養成制度改革の際に活用した経験を持っていたものの、復刻作業については、佐藤氏が開始した企画に乗って最終校正に参加したにすぎない。一九九二年、立教大学に移った年に出た『プロムナード東京大学史』は、私なりに「百年史」の成果を活用した思い出深い単著であったが、啓発的な読み物であった。

「文検」研究への気付き

以上のような独創的研究の空白を埋めるかのように始めたのが「文検」の研究であった。その成果は寺﨑昌男・「文検」研究会編『「文検」の研究―文部省教員検定試験と戦前教育学』（一九九六年、学文社）、同『「文検」試験問題の研究―戦前中等教員に期待された専門・教職教養と学習』（二〇〇三年、学文社）という二冊の単行本として陽の目を見た。

それまでの大学史中心の研究と違って近代日本の教員免許制度史という分野の研究であったが、一九九〇年代のほとんどすべてを費やした共同研究であったから、やや詳しく記しておこう。

なぜこのようなテーマに関心を持ったのかと聞かれたことがある。考えて見れば東大を辞した後の第二次立教大学時代の本務と関わっていたのかもしれない。当時立教で属することになったのは、教職課程・社会教育主事養成課程・司書養成課程・学芸員養成課程という四つのコース群をまとめた「学校社会教育講座」という組織であった。その中の教職課程すなわち中学校高等学校教員養成課程で教育・研究を果たすのが、私の本務であった。つまり東京大学時代にほとんどなかった「教員養成」という仕事が大きく加わっていた。「文検研究」を開始した基礎には、そう生活の変化があった。

なお私を再び立教に迎えて下さったのはかつて同室の同僚で当時総長だった浜田陽太郎氏だったが、教職課程の仲間は、福山清蔵、近藤弘の両教授と、西平直助教授と研究室職員の風間まち子氏であった。このうち近藤・風間氏はかつて第一次立教時代の大学院の教え子であり、西平氏は東大の大学院生時代にこの課程の教員候補として推薦した人であった。

先の二著で取り上げた「文検」とは「文部省師範学校中学校高等女学校教員検定試験」という教員検定試験のことである。一八八五年（明治一八）から開始されて一九四三年（昭和一八）まで続いたが、この年に師範学校が専門学校に準ずる高等教育機関に改編されたためいったん中止された。しかし戦後には一九四七年から四九年までは「中学校高等女学校教員試験検定」という名称のもとに三回実施された。教職に関する最大の国家資格試験で、実施は中断期間を除いて通算六二か年間に及び、本試験の実施回数は八一回となった。受験者総数（実人員）は約二六万人以上、合格して中等教育機関・師範学校の免許状を得た合格者も二万三〇〇〇人以上を数えた（人数は推定）。カバーした試験科目は一八学科目、さらに「理科（動物、物理）」「体操（教練・剣道）」というように細目までを数えると三九種類に及んでいた。卒業後ほぼ自動的に中等学校教員免許が出る官・公・私立大学、高校、専門学校（指定校）を出ていなくても、この試験に合格すれば、中等学校の教職に就くことができた。

これほど大規模な国家試験だったにもかかわらず、私たちより前には教育史の領域で研究はなかった。「教員養成は大学において行なう」という戦後の教育刷新委員会の原則が立てられ、さらに教育への行政権の介入を避けるために教員への国家検定試験そのものが廃止されたため、この制度の意味は失われたと思われていた。「ぶんけん」あるいは「もんけん」と略称されて教育界では誰知らぬ者もなかったこの制度は、歴史研究の対象としては長らく無視されていた。

ただし私がこの制度に着目するようになったのは、研究無視を憂えてのことだけではなかった。教員養成制度史を研究するうちに重大なテーマだと気付いたからだった。

一九八〇年代の半ばに日本教育学会には長尾十三二理事のもとで「教師教育に関する研究委員会」が組織され、私も委員の一人となっていた。分担したのは「中等学校教員養成の歴史と課題」というテーマであった。私が東大に移った当時に伊ヶ崎暁生氏（国民教育研究所）、榑松氏、小熊伸一氏とともに『阿部重孝著作集』の編集に当たっていたことを考慮して、このテーマが割り当てられたのであろう。教育制度史の先駆的研究者だった阿部重孝・東京帝国大学教授が、戦前から中等教育教員の養成・供給問題を実証的に取り上げていたからである。

研究会活動の中で、私は一つの興味ある課題に気付いた。中等学校教員の養成・供給システムを探っていくと、いやでも検定制度の問題に行き当たる。一九八〇年に発表し八三年に書いた「戦前日本における中等教員養成制度史――『開放制』の戦前史素描」（日本教育学会教師教育に関する研究委員会編『教師教育の課題』、一九八三年、明治図書刊）を纏めてみて、初めて検定試験の歴史的重要性に気付いた。

阿部にならって統計的な数字を掲げて考察するかたわら、それまでに少しずつ買い入れていた「文検教育科」と題された参考書を参照してみた。その結果、戦後の教員養成制度改革に際しては師範教育の閉鎖制が激しく批判されたが、閉鎖的だったのは小学校教員養成のほうで、中等学校教員の養成システムは実は早くから開放的なシステムであったこと、その性格を象徴的にあらわしたのが「文検」であったことが見えてきた。さらにその文検は、中等教育教員への道を求める小学校教師たちの登竜門であったらしいこと、他方、受験生の全員が試験準備のため学んだ「文検教育学」は、われわれの知っているアカデミーの教育学ではなく「カゲの教育学通説」ともいうべきものを形成していたのではないかということにあらためて気付いた。だが当時は、文検に対してもっぱら教育学説史的な関心を持っていただけで、それ以上に研究を深める気持ちも余裕もなかった。

しかしその後、大きな刺激がもたらされた。

第一は、右の発表直後に地理学の分野で精密な歴史研究が発表されたことである。一九八三年に古今書院から発行された佐藤由子『戦前の地理教師』がそれであった。対象を地理科に絞り、試験問題、解答例、試験委員の変遷を精密に跡付け、受験生の動向も考慮に入れてまとめた研究である。問題意識は旧制時代の地理科教師に要求された専門学術水準の高さを推定することだったと見られるが、類似の研究がほとんどなかった当時、まことに貴重な知見に満ちたモノグラフィーであった。地理科関係の多数の受験参考書やテキストも広く渉猟されていた。日本教育学会における先述の私のコメントに対しては「手許にある少数の文献で試験の性格を云々することは不適切である」と厳しく批判していた。

第二は、右の佐藤氏の研究に触発されて、九〇年代初めの東大時代の終わりごろ、大学院ゼミの教育学説史研究の中に、「文検教育科」のトピックを入れてみたことである。しかしこれはゼミ参加者たちの興味を全く引かずに終わった。ただし後に述べる同人誌的研究雑誌『教育修身研究』の一部を検討するチャンスを得ることができた。

こういった試行錯誤を続けるかたわらで、一緒に文検制度そのものを研究対象にしようという人たちが現われてきた。榑松氏と菅原亮芳氏（当時、日本私学教育研究所所員、のち高崎商科大学教授）である。私は立教大学に移った翌年の一九九三年に、彼らと相談して科研費「近代日本の教師教育における自己学習・資格制度・教育学的教養の関連構造に関する研究―文部省中等教員資格検定意見を中心として―」を申請し、二年間の助成費を獲得することができた。中・高校の不登校生徒が増える一方で大学生の学力低下が話題になっていた当時、中等学校教員が持つべき専門学科の学識水準がどれほどであるべきかは、教員養成政策上の大きな課題になりつつあった。

これによる研究（以下「第一次研究」）の大きな収穫は、教育科受験生たちの有力な勉強会「永福同学の会」の存在を知ったことである。東京・世田谷区の永福町を名称とするこの会は、同町に指導者である島為男氏の住居兼連絡本部を置いていたが、同会は、教育科・修身科の受験生たちが集まって学ぶ会であった。

島氏と言えば大正期から昭和初期にかけての民間教育運動史の中で著名な人物であり、民間教育研究運動の方針をアナーキズムに置くかボルシェビズムに置くかという「アナ・ボル論争」がおきたとき、アナーキズムの側に立った有力な論客であった。私もそこまでは知っていたが、以後の消息は聞いたことがなかった。ところが文検では、その人物を中心とする「文検」合格の教育者たちが全国から集まり、同窓会を開いているという。まったく初耳の事実であった。

榑松・菅原・小熊伸一氏は、東京・青山のホテルで開かれた同窓会に陪席してメンバーと顔見知りになり、その後回顧談を聞くことができた。さらに大きな収穫は、この会の機関誌『教育修身研究』を全巻にわたって閲覧することができたことである。この雑誌は、一九三一年四月に創刊されたあと短期の休刊を挟んで一九四一年一一月号から『教育修身公民研究』と誌名を変え、「文検受験誌」というそれまで標榜していた趣旨を削って「学術誌」へと衣を変え、一九四四年二・三月合併号を以て終刊した。同誌は、近年不二出版社から全巻復刻された。沿革と内容については共同研究に加わった竹中暉雄氏によって詳細に紹介されている。また永福同学の会とわれわれの共同研究組織との繋ぎ役を果たされたのは、東大教育学部に派遣されて学んだ都道府県現職教員から成る「派遣生の会」の世話人の一人であった荒巻正六氏であった。氏は永福同学の会のメンバーをはじめ多くの知己を紹介され、共同研究の貴重な支援者になって下さった。

研究を通じて貴重な人脈をつくることができたのは、稀に見る幸運であった。第一次研究の成果を日本教師教育学会で発表したときには、永福同学の会のメンバーや、法政大学教授をされている島為男氏のご子息も傍聴され、喜んでくださった。忘れられないのは一九九七年に『「文検」の研究』を出版した時の教育学界からの反響の大きさであった。稲垣忠彦、佐藤秀夫、天野郁夫、吉田文（現在、早稲田大学教授）といった厳しい研究者たちが、さまざまな学会誌で、懇篤な紹介と書評を書いてくれた。第一次研究に参加したのは先述の三氏のほかに船寄俊雄（神戸大学）、西山薫（長野清泉女学院短期大学）岩田康之（のち東京学芸大学）の諸氏であった。

専門学と教育の接点を探る

その後私の関心はしばらく文検から遠ざかっていた。それまで大きな負担になっていた立教大学全学共通カリキュラム運営センターの仕事（後述）は一段落し、桜美林大学大学院に迎えられたが、大学変動の嵐の中で、国・公・私立大学の外部評価委員や国立大学運営審議会委員の要請を受けて忙殺されていたからである。

しかし第一次研究のメンバーの中には、文検研究をあれで終わらせてはならないと強く希望するようになった人たちもいた。特に幹事役を勤めた榑松、菅原の両氏は、研究の深化を強く促してきた。確かに、多くの書評が指摘していたのだが、第一次研究は文検研究と称しながら、学科目分野としては「教育科」しか扱っていない。それは「文検」の一部に過ぎず、広範な教科・科目に広がっていたのが実態だった。どうしても対象を多数の教科に広げ、さらに試験問題、受験指導、解答、といったレベルまで降りてみなければならない。このように取り決めて、第二次の科研費研究グループを作って出発したのが一九九八年であった。

「近代日本中等教員に期待された教科専門知識並びに教職教養に関する史的研究――〈文検〉主要教科及びその受験者等の調査分析」というテーマで、三年間にわたって一五〇〇万円を受けることができた。文科系ではかなり大きな額である。メンバーは、今回は「各学科目の問題そのものが読める人」でなければならない。第一次のメンバーの一部を残し、茂住實男（英語、拓殖大学）、佐藤英二（数学、当時武蔵工業大学、現在明治大学）、奈須恵子（歴史・立教大学）、井上恵美子（家事及裁縫、のちフェリス女学院大学）を迎えて出発した。

グループの活動は活発に続いた。問題と出題委員との関係を探求して行くにつれて、いくつかの興味ある事実もわかってきた。例えば国語漢文科の領域は帝国大学文学部国語国文学科の委員就任や出題参加が極めて多かったこと、英語ではオーラル・メソッドの提唱者であるパーマー(Palmer, Harold E.)の来日によって試験傾向に変化が見られたこと、数学では高等学校入試と似た傾向を持っていたこと、受験生の手記を改めて検討すれば教育科の場合と違って受験を「自己修養」のためととらえる例よりも中等学校教員へのルートと見なして合格した例が多かったことなど、具体的なところまで検討しなければ分からない事がらが幾つも明らかになった。

二〇〇三年に報告書『文検試験問題の研究』を出版した時も、いくつかの肯定的評価が寄せられた。第一次報告書を評された吉田文氏が「前書『「文検」の研究』と本書の二冊によって、「文検」という一枚の絵の構成や細部がよく見えてきた」と評され、六年をかけて本書が陽の目を見たことは「前書の書評をさせていただいた一人として本当に嬉しい」と述懐されたことは、私にとっても大きな喜びであった（『日本教育史研究』第二三号、二〇〇四年八月）。

以上、文検研究について異例に詳しく記してきた。理由の第一は、この二次にわたる共同研究が私の六〇歳代半ばから七〇歳代前半までをほぼ覆う大きな研究活動だったことによる。二度目の立教生活から桜美林時代にかけてのいわば「最後の研究生活」であった。第二は、二次にわたる研究を通じて、魅力的な研究者たちと知己になれたことである。担当者の事情から、最も受験生の多かった「国語漢文」を報告書に含められなかったのは残念だったが、その他の面では精鋭のメンバーで共同研究を進めることができた。

ただし私にとって文検研究が持っていた意味は、以上の二点には尽きなかった。なぜかと言えば、文検というシステムは教員免許制度を介して「大学・学問」と「教育」とをつなぐ装置であったからである。

テーマのこの性格は、試験問題の中身に入った第二次の研究に移ってから、より明確になった。長期にわたって常任委員を出し続けたり常任委員や臨時委員を他の大学や学科を抜いて独占的に出したりしている学問領域や大学の学科の場合、出題や評価（素点、すなわち一桁までの点数分布）等は分からないながらも、合格者のインタビュー等によって推定できる採点傾向と、支配的な任命委員数を持っていた大学・学部・学科の学風や主任教授の交代との間には、無視できない連関があることが分かった。また出題された内容が実は該当する専門学の歴史的段階や研究傾向と関連し合っていることも分かってきた。このことは、出題が極めて厳密に原典即応的で、しかも学会動向と関連していた西洋史、東洋史、日本史の分野ではより明確に分かってきた。同様のことは、先に触れた佐藤由子氏の地理科研究でも、鮮明に指摘されていたところであった。

では実際の「教育」の局面で、「学問」との間に何の齟齬も軋轢もなかったかと言えば、そうは言えなかった。各教科にわたった第二次研究では、試験の最終段階で「口述試問」が行なわれたことが明らかにされ、その場で齟齬や軋轢が露呈することもあったようである。英語では現在の「模擬授業」に似た実演が課せられ、その席に外国人委員が同席することを通じてリスニングや発音の重要性が説かれたりすることもあったという。また特に「公民」が科目として入って来た時、その学科の示す理念と受験生たちが呈する国体主義的な解答との食い違いにいらだつ比較的リベラルな試験委員の例（木村正義、衆議院議員・政友会）などもあったという。

試験問題の作成主体・傾向とその変化も含めた文検研究という作業は、近代日本における「学問」と「教育」の一つの接点を解明する研究であった。また同時に大学での学問研究と男女の中等学校教育・師範学校教育との接点の部分を探ることだった。直接の大学史研究とは若干ずれるものの、前後七年間、飽きる時はひとときもなかった。

Ⅳ　大学と教育環境の激動のもとで

立教大学全学共通カリキュラムの編成

二度目の立教勤めを果しながら学外で「文検」の研究に没頭していたさなかに、一九九五年一二月から選任されたのが教養教育カリキュラムを編成する責任者の仕事であった。「立教大学全学共通カリキュラム運営センター部長」という名の新組織の長として、新しい総合科目、語学、体育、情報教育から成る全学共通カリキュラム（以下「全カリ」）を作るという責務である。

立教大学には、一九五五年から、教授会を持つ「一般教育部」があった。それを解散して「全学が担う教養教育」を創り出そうという構想が、一九九一年七月から決まっていたという。一九九一年と言えば、文部省が大学設置基準の「大綱化」を行なった年である。多くの大学が学士課程のカリキュラムを専門教育重点のものに切り替え、国立大学が次々に教養部を廃止して行くきっかけになった措置であった。立教大学は同じときそれと類似の方針を決めたわけである。

ただし単に大綱化に追随したわけではなかった。立教大学は戦後の私学としては例外的に一般教育課程を独立して運営・充実してきたが、今後はその理念に立ちつつ、一般教育科目群を「全学的な共通科目」として編成し直し、その運営は新しい全学的組織で行なう、ということを目指した。一般教育縮小プランではなく、逆にそれを堅持しつつ全学部が支える体制を創り、その過程で既存の一般教育部を解散し、所属教員は各学部に分属させるという方針である。

大学の部長会（最高意思決定機関）が「全学的体制というのをどう作っていくか」という審議に入ろうとしていたのが一九九二年七月で、何も知らない私が東大から移って来たのがその三か月後の一〇月であった。文学部教授会で「一般教育部解散後の新学部をどう作るか」といった議題が出るのを「よくある例だ」などと思いながら他人事のように聞いていたが、二年目になると、全学共通カリキュラム編成構想の準備委員に出されたりするようになった。細かな経緯は省く。結果的には、一九九三年一二月、文学部出身の塚田理総長の懇請に負けて、初代の全学共通カリキュラム運営センター部長に就任させられてしまった。

大学教育の専門家だという噂によるものだったらしいが、それよりも、一般教育部解散方針を決めるまでの論議に関わっていなかったことが大きかったと思う。確たるセンターができれば、一般教育部の教員の所属組織が解体されるのは不可避である。その際の葛藤、あるいは新しい配属先での専門学の教員たちからの差別、これらは大いに予想されることである。他方、どのような組織が新設されるにせよ、ただ今履修中の学生のための旧一般教育課程は残り、それと全学共通カリキュラムとの併存状態は数年続くと見なければならない。そのときは全カリ運営センターが新・旧両課程の運営の責任を持つことになろう。全カリ運営センター部長と一般教育部の旧メンバーとの間にさまざまな緊張が生まれる可能性もある。それをやわらげるためにも、教員間の心理的わだかまりは極力小さくしておかなければならない。こうした配慮が、新任の、何も知らない私を全カリ部長に指名することになったものと思われる。

部長就任後、あえて行なったことを挙げておこう。

第一に、大学教育の目的論を、カリキュラムづくりの目的として掲げたことであった。一九九四年一二月から、ただ一人の全カリ事務局職員だった今田晶子氏（のち大学教育開発支援センター課長）と机を並べて仕事を始めたが、それから五か月後、新学年を前に西田邦昭氏（課長、のち常務理事）、今田氏、田中絵美氏（現在新座キャンパス事務室事務長）という三名の専任職員体制ができた直後の一九九五年四月、第一回運営委員会で、私は次のような挨拶をした。

「新制大学ができた時以来、私たち教師も社会全体も、アンダーグラジュエート四年間の大学教育は『教養ある専門人を育てる』ことを目的とするのだと思って来ました。一般教育プラス専門教育という大学の教育課程構成も、そのことを示しているように思えます。でも四年間で専門人を育てることができるでしょうか。それは無理で、実は、できるのは『専門性に立つ教養人を育てる』ということではないでしょうか。そして全学共通カリキュラムによる教育を通して、新しい教養人を育てることが、われわれの目指すべき立教大学教育の目的ではないかと思います」。

この挨拶には二つの理由があった。

一つはいわば「戦略的な配慮」である。これから新しい全カリを計画し出発しようとしている。そのためには「そもそも大学は何をするところか」について学内のメンバーが共通の理解を持つことが必要である。その際、「大学は専門人を育成する所だ。ただし立教では一般教育と似た教養教育も続けるのだから、やはりこれまで通り教養ある専門人をつくるのが使命だ」と思っていたら、各学部の人たちが全カリ編成に本気になれるはずがない。目的意識を逆転しておく必要がある。このように考えて、戦後大学史の歩みを振り返りながら、右のように提言したのだった。「大学を出た者は専門学識に強い専門人でなければならない」というのは、特に戦後の産業界に根強い考え方で、「新制大学卒業生は出身学部にふさわしい専門学力を持っていない。だから戦前の専門学校はよかった」という意見や「学生たちは四年間に専門でない余計な教養教育を学習させられている。それをやめて専門に集中すべきだ」といった批判を、新制大学はそれこそ毎年、産業界から受けてきた。私は「大学の教員の発想もこれと似たものだったのではないか。それでは一般教育も育たない」と思ってきた。旧来の大学観に正面から異議を申し立てなければ、準備を重ねてきた立教といえども全カリは展開できない、と思ったのだった。

第二に、立教以外の大学の著名な教授たちからの示唆を学んだことも大きかった。

財団法人大学基準協会では、これより先の一九八〇年に「専門教育研究委員会」を設け、立教大学総長の尾形典男氏（政治学）を委員長として研究を積み重ねていた。私はこの年には東大にいたが、古巣の尾形総長の推薦で、一九八一年からその委員会に送り込まれていた。委員には慶應義塾、早稲田をはじめ立命館、上智、津田塾等の著名な教授たちが集まり、専門教育に関して忌憚のない意見が交換された。歴代委員長は、尾形総長をはじめ柳瀬睦男上智大学学長（数学）、天野和夫立命館大学元学長（法哲学）であり、このほか委員には福岡正夫（経済学・慶應義塾大）飯島宗一（医学・名古屋大）、戸田修三（法学・中央大）、並木美喜雄（理工学・早稲田大）といった著名な大学人や元学長たちが揃っていた。

論議の前提としてはっきりしていたのは、「学士課程四年間で専門教育を完成させることはできない」ということであった。学部段階の教育の「仕上がり基準」をそこに置くことはできない、というのである。経済学部も法学も、理工学も医歯学も、どの委員も、この点では同じであった。もし完結させる気なら、大学院修士課程と一貫した教育課程をつくらなければならない、というのが委員会の結論であった。このような席で学んでいた知識が、全カリに際しての先の提言の背後にあった（委員会の記録として『大学における専門教育の問題点』（専門教育研究委員会中間報告、一九八五年、大学基準協会刊、が刊行されている）。

さて立教全カリの運営委員会での私の提言に対して、目立った反論はなかった。ただ一つ、経済学部からではなかったかと思うが、「そうなると教養ある専門人はどこで養成されるのですか」という質問が出た。私は「それこそ大学院で育てることになるでしょう。大学院重点化の時代です。立教にも大学院に力を注ぐ時代が来るでしょう。そこでは教養ある専門人を育て、学部では専門性に立つ教養人を育てる。そのように棲み分けてみませんか」と答えた。

この問答以外には記憶に残る議論はなかった。法学部は学部創設の最初から自主学習によるリーガル・マインドの育成を掲げた学部であったから、何の異論もなかったし、理学部は早くから修士進学を当然と見ていた学部だった。他方、文学部・社会学部は、もともと教養教育への親和性の高い学部であった。そういうことにも援けられて、ともかく共通カリキュラム編成の仕事が始まったのだった。

求められた覚悟

全学共通カリキュラムの編成やその実施に責任を負うということは、実は自分が大学の中で責任を負う対象を、これまでのものから大きく変革することを意味した。

各教員は、大学人としては、自分が属している学部に対して、次に自分が属する学部の所属学生に対して、「カリキュラムの編成と実施」という責任を負っている。他方、全学共通カリキュラムの部長、部会長として、あるいはその他の委員として働く場合、実は全学の学生に対して責任を負うことになる。全学部によって支えられる全学共通カリキュラムの編成を担当するということは、最も強い帰属感を持っている学部学科に加えて、実は全学の教育に対する責任を持つということである。私は当時、全カリ運営センターのニュース・レターで「全カリ関連の教員には帰属意識の変化が要請されている」と記したのち、次のように論じた。

学部というものこそが、従来すべての大学教員の帰属組織であった。今後も筑波大学型の学系・学群組織を取らない限り、そうであろう。だが、立教大学はそこへもう一つの全カリというスタビリティーの高い組織を加え、しかもその組織を全学で支えるという理念を受け入れた。とすれば、専門学部に属する教員に求められるのは、帰属意識の二重化という課題である。つまり、教育・研究・管理・研究者養成に責任を持つ専門学部への帰属意識に加え、主としてカリキュラムと教養教育に責任を持つ全カリセンターへの帰属意識を持つこと。これが「全学が全カリを支える」ということの全き意味なのだ。

（一九九七年五月執筆、「全カリの発進にあたって」『全カリNEWS LETTER』六号）

二年四か月続いた部長職を辞して学部に戻るときの文章で、渾身の思いで書いた。考えてみれば、自分自身はそれまで文学部、教職課程、全カリセンターという三重の組織に帰属意識を抱いていた。それに教育学・大学史研究という専門ディシプリンへの帰属意識とを加えれば四重になる。こうした事情は、現在大学に勤務する普通の研究者にとっては当たり前の事態であろう。だが二年余にわたってカリキュラム再編に責任を負った身にとっては、あらためて気づかされた点であった。

書きながら思い出すのは、以上のことの反面の事実である。センター長当時抱いていたのはプレッシャーだけではなかった。既存の学部・学科といった組織や自分の「専攻」というものから否応なく免れた（あるいは免れざるを得なかった）者が感じる一種の「解放感」のことである。帰属する専門ディシプリンから自由になり、一人の初発の研究者・教師になったような気持ちを保ちつつ、どのような学習環境を学生のために準備すればいいかだけを考えて過ごした時間は、考えれば貴重なものだった。

あの期間、先生方や事務局のスタッフが議論に割いた時間とエネルギーはたいへんなものだった。午後六時開始の運営委員会（出席総員二二、三名）が一〇時に終わることはなく、一一時を越えることは珍しくなかった。しかし何の文句も出なかった。その全部の時間、事務局職員の人たちは超過勤務も厭わず同席してくれた。彼らはまたカリキュラム構想途中の段階でも公開説明会を開くことを提案し、実際に大講堂を会場に「一九九七年四月以降一般教育はどうなるか」を説明した。

おかげで、学生たちが気にしているのは必修科目が夕刻に集中して運動部の部活や練習ができなくなること、英語が「コミュニカティブ英語」重点になることに強い抵抗を感じていること（「僕らは英会話学校に入って来たのではありません」という発言に拍手が出た）などの具体的な意見が分かった。どれほど助かったか知れない。同時に「立教には学生思いの教職員の人たちがいかに多いか」ということにあらためて気付かされた歳月であった。

以上の気付きから派生したことを付け加えておこう。

産業界の教養教育要求

第一は「教養教育」というものについての社会的評価の変化である。

全カリセンターの活動が本格化した一九九五年四月、当時最大の経済団体だった日経連（日本経営者団体連盟）の教育特別委員会が「新時代に挑戦する大学教育と企業の対応」を公表した。それまでに例を見ないほどの大部の意見書である。

詳説は避けるが、先ず新しい時代には多様な人材像が求められる、として次の五項目をあげていることに驚かされた。「人間性豊かな構想力のある人材」「独創性、創造性のある人材」「問題発見、解決能力を有する人材」「グローバリゼーションに対応できる人材」「リーダーシップを有する人材」。

「これは戦後われわれ教育学者が掲げてきた子ども像ではないか」というのが最初の感想であった。「自分の頭で考えることのできる子ども」「どの国の人ともなかよくできる子ども」そういう子どもを育てるべきだと思わない教師も教育学者もなかったのではないか。そのことを今は企業の経営者たちが掲げている。これはどうしたことか。

次に驚いたのは、産業界がそれまで大学教育の「無駄な部分」と見なしてきた事がらをむしろ教えてほしいと論じていることであった。右のような人材を育てるためには、大学は哲学、歴史、人類学、宗教等について学生たちに教えてほしいと書いている。また外国語はすくなくとも二か国語を学ばせてほしいとも書いている。これらはそれこそ教養科目ではないか。産業界はいつ宗旨替えをしたのか。学ばせてほしいという項目の中に「宗教」が入っているのは、この年の一月にオウム真理教による東京地下鉄サリン事件が起きたことを重視して委員会が加えたものだとマスコミの一部は伝えた。

私の感想は「この意見書は、一九八〇年代半ばから九〇年代初頭にかけて『偏差値』と『学校歴』とを基準に新卒者を採用してきた産業界自身の反省文と見れば理解できる」というものであった。「学校歴」とは人々の学習歴を中・高卒、大学卒といった教育レベルによってではなく、〇大卒、△大卒というように最終学校名で呼んで差別することである。この言葉は、日経連意見書の前年に経済同友会が意見書に用いたものだった。就職時に甘やかされていた学生たちを年々東大で見ていた経験からすると、「反省」の中身は容易に想像することができた。他方、全カリ部長の立場からすると、本格的始動の直後にこの意見書が出たことは、大いに助けになった。

第二に、立教全カリの総合科目を構成する際にどのようなテーマを重視すればいいのかということも大きな問題であった。立教の場合、総合科目の編成の中で大いに重視してほしいこととして特にあげたのは、環境、人権、生命、宇宙という四つのテーマであった。それらは、現代および将来における世界を見る四つの窓であり、全カリの学習を通じて学生たちにその眼を養ってほしい、という趣旨で考え出したものであった。

私は最初、環境、人権、宇宙の三つを挙げてみたが、塚田総長が「生命もあるのではないでしょうか」と言われたのでハッと気づき、四つの窓口としたのだった。

この四つの窓口は、かつての大学一般教育の「三部門」の原理が、ハーバード・レポートの人文科学、社会科学、自然科学という学問構成論から降ろされていたのに対して、全カリで養成を目指す「世界を見る眼」として設定することを狙ったものである。「専門性に立つ教養人の育成」を唱えたときのように公式の席で宣言したことこそなかったが、折に触れて発言することを通じて、全カリ総合科目編成の一つの基準になったように思う。現代におけるリベラル・アーツの構成原理の一つを提案するという意気込みであった。

以上、全カリ立案参加の経過を詳しく記してきた。だが私は、ずっと前に敷設された路線を走ってきた機関車に、訳も分からず乗りこんでめったやたらに舵を取ったというにひとしい。カリキュラムの創造ができたのは、聖公会系ミッションスクールとしての立教大学の持っているリベラル・アーツ教育の伝統と、「学生を存在として大事にする」というもう一つの伝統とのおかげであった。また当時六〇歳代前半に入って十分に高齢の私ではあったが、大学改革の問題を、机上においてではなく実践と教職協働とを通じて考えて行く、という貴重な習慣を改めて付けてもらった。深く感謝しなければならない体験であった。

ちなみに全カリ建設時の記録は、全カリの記録編集委員会編『立教大学全カリのすべて―リベラル・アーツの再構築―』（二〇〇一年、東信堂刊）に記されている。絶版になっているが詳細な記録である。以上の記述は同書に負うところが大きいことを付け加えておこう。

ＦＤとＳＤ―誰の義務か

「二一世紀初期に起きた大学史上重要な出来事は何か」と問われたら、私はその一つに「教職員への着目」ということをあげたいと思う。
一九九七年四月から全学共通カリキュラムが全面的に発足したのを見送り、その翌九八年春に桜美林大学に大学院教授として迎えられた。それから数年の間に起きたのが、学会や中央教育審議会が大学教員および職員の役割に注目したことであった。

顧みると、日本に近代大学の教員が生まれたのは一八七〇年代の後半で、職員も同時に生まれていた。だがその後一世紀以上、大学教員は何かということは問われても、職員は何かという問いに正面から取り組んだ議論はほとんどなかった。一八八六年（明治一九）に帝国大学令によって大学は「学術技芸ヲ教授」するとともに「其蘊奥ヲ攻究スル」場所だという規定が登場した。それは大学という機関（インスティテューション）に関する規定であって教員（プロフェッサー）の使命に関する規定ではなかったが、普及するにつれて、機関としての大学に関する規定にとどまらず、大学に勤務する教員の職務であると考えられるようになった。この欧米型の通念は、その後分科大学教授会が法制化され（一八九三年）講座制が施行される（同）につれて、特に「攻究」機能のほうに力点を置きながら明確化して行った。やがて東京帝国大学で起きた「戸水事件」、京都帝国大学の「澤柳事件」および「滝川事件」といった政府との抗争を経ながら「教授集団の自治」理念の基礎として、強固なものになって行った。

だが職員のほうは、官公私立大学ともに、その職務と地位は明確でなかった。特にその職務については、漠然と「教員の職務を援ける」という程度にしか考えられていなかったと見て誤りではなかった。

　この事態に変化が起きたのは二〇〇〇年代の初めであった。

二〇〇七年四月、文科省は大学院基準一四条三項に、「大学院は、当該大学の授業及び研究指導の内容及び方法の改善を図るための組織的な研修及び研究を実施するものとする」という項目を新設した。そして翌年には大学設置基準・専門職大学院設置基準と短期大学設置基準、専門学校設置基準に一斉に教員の「組織的な研修及び研究」が必要であるという項目を加えた。

　特に二〇〇八年の大学設置基準の改正は世間の注目を引き、多くの新聞やテレビは、「大学でもやっと授業改善が行なわれるようになった、よろこばしいことだ」というニュアンスでニュース化した。また中央教育審議会はこの「研修及び研究」行動はＦＤ（ファカルティー・ディベロップメント、Faculty Development）と呼ぶのだ、と公言し始めたので、右の基準改訂は「ＦＤの義務化」という改革の一つなのだ、ということになり、「義務化」という言葉にも援けられて、全大学に広がっていった。

　実は、ＦＤという活動を初めて日本に紹介したのは大学教育学会のメンバーだった。

　義務化の二〇年前の一九八五年、同学会が一般教育学会と称していた時代に、有力な会員であった国際基督教大学の絹川正吉氏（数学、のち同大学長）と原一雄氏（心理学、国際基督教大学）が、アメリカにおけるファカルティー・ディベロップメントについて最初の口頭発表を行ない、論文にしたのだった。同学会ではこの活動を「教授団の能力開発」と訳して捉えていた。主語を「教授団」としたのは、能力開発活動の主体は経営者側ではなく教員組織や集団の側であり、その自主的な活動として理解されることを目指していたからであった。だが当時まだ「ファカルティー」（＝集合体としての大学教員）という言い方さえ一般化していなかったので、このスローガンはなかなか広まらなかった。ところが今回はそれが義務化されるようになったのである。ふりかえれば、一九九九年に中教審は答申「21世紀の大学像と今後の改革方策について―競争的環境の中で個性が輝く大学」の中で、すでにＦＤは「努力義務にすべきだ」と提案していた。それが一歩進めて義務化されただけにすぎないのかもしれないと思われた。

私は大学の授業が向上することに異議はなかった。そのことを論じた小論を書いたこともある（「大学教授法雑感」『岩波講座「教育の方法」・『月報』七』、一九八七年）。その結びには「大学教育の質をそこでの『教育の方法』との関わりで問題にせざるを得ない日は、もう目の前に迫っているように思われるのである」と記した。その日が二〇年後にやって来たわけだが、二〇〇八年の「上からの差し出され方」には一種のうさん臭さを拭うことができなかった。いったい誰の義務なのだろうか。またなぜ「義務化」しなければならないのか。もし新聞やテレビが言うように「教員の義務」ならば、それに参加するかしないか、能力を開発したかどうかが大学教員の勤務評定の目安になるのではなかろうか。そういった疑問が消えなかった。

「義務」の根拠と担い手の問題を、『日本経済新聞』に頼まれて寄稿した（「教員の能力開発」義務化　大学―自主的な創意を」『日本経済新聞』二〇〇七年三月一九日朝刊）。その中で私はＦＤ

の主体および根拠について三つの仮説を立てて吟味してみた。

①義務履行の主体は教員である。なぜなら学生の学習活動に応えるためには教員の教育能力の向上が不可欠だからである。

②同じく主体は教員である。なぜなら大学・学部が公的な評価を受けた上で認可されて存在している以上、そこに勤務する教員は研修を受ける義務があるからである。

③国・公・私立大学を設置する国立大学法人・地方公共団体・学校法人が国家・政府に対して持つ義務、というとらえ方が最も適切ではあるまいか。会社官庁と同じように、組織的な研修・研究の機会を経営者側は用意すべきだという意味での「義務」である。大学は義務教育機関ではないから、国・公共団体・法人は小・中学校と違って大学を開設する義務こそ持っていないが、教育・教授の機関であるからには、教員が教授能力を開発することを援ける義務は持っている。

右の三つの仮説のうち、①はマスコミがはやし立てている論点で一見もっともらしいが、大学教員の職業倫理であって法的義務の根拠にはならない。②はある教育行政専攻の学者が私の質問に応じて展開してくれた論理だが、設置審査をするという行政行為と勤務者の権利及び義務としての研修とは別の次元の行為であって、法的義務が生まれる根拠になるとは考えられない。論理に飛躍がある。これらに比べて、③はＦＤ義務化の発生理由と最も深いアナロジーであるように思われた。すなわちＦＤ実施の義務を負うのは学校設置主体であり、ＦＤを受けることは教員の義務ではなく被雇傭者が負うプロフェッサーとしての倫理活動ということになる。それが奨励されるべきことは言うまでもないし、学校設置主体にとってFD活動実施は義務となる。だからこそ、その活動に対する奨励金や補助金を国家から受けることもできる。

右の論説には当時調査役として勤務していた立教学院の理事の一人が大いに関心を持ってくれた。またこの意見が影響したのかどうかは分からないが、文科省からは、一一月になって「通知」が出て、「FD活動は義務化したけれども、義務は学校に対して課したものであって、教員に対してではない」ということが強調された。拙論と同じような疑問を文科省に寄せた向きがあったのではないだろうか。

先に触れたように、FD活動というものが職業倫理上重要なものだということに私は何の疑問も持たなかった。ただし職業倫理の基盤となるべき大学教員のプロフェッショナリティーに関する理論が日本にはあまりに乏しいということにあらためて気づいたのも、このときである。私は躍起になってアメリカでのFDの発見と開発の歴史を調べたり、現代の大学論者たちの大学教授論を調べたりしてみた。そして及ばずながら大学教授論について幾編かの試論を公けにして見た（『大学は歴史の思想で変わる』（二〇〇六年、東信堂）を参照していただければ嬉しい）。

桜美林大学院における職員教育の体験

さて職員の能力向上（SP、スタッフ・ディベロップメント、Staff Development）に関してはさらに複雑な面があると思われた。

職員の場合、教員と違って、自治事件史のような政府との対立事件は歴史上なかったために「大学事務職員の職務と地位」というようなことを論じた文献も極めて少ない。国家公務員や地方公務員である国立大学・公立大学の職員の場合はともかく、私立大学職員の場合は、「研修」といった義務あるいは権利条項がある訳でもなかった。それだけに、ＳＤは、活動に着手する手がかりを得ることが困難だと思われた。

私自身の場合をふりかえってみよう。

大学に職を得てから、職員との交流・接触がなかったわけではない。だが文科系の教員にとって、科学実験のための研究助手および図書館司書は別として、その他の事務職員は「用があるときに接触すればいい人」であった。七〇年代半ばの第一次立教大学勤務時代も、八〇年代に東大に勤務していた間も、教授会で様々な委員会の委員や委員長を受け持たされた場合、その職務を実施して行くのには確かに職員の助けが不可欠であった。しかしその用事が終わればそこで終わり、という間柄であった。

職員の人たちとかなり深い関係になって行ったのは、八〇年代末に東大教育学部附属中・高等学校の校長になり、次いで学部長になってからである。附属学校では、東大のような大規模大学においては特に事務局間の格差感が隠然とあることを知ったし、学部長としては学内における学部の地位が、事務局メンバーの裁量できる予算規模に大きく依存していることを知った。ただしこのように知識は増えても、職員はどこまで行っても「補助者」であると思っていて、「協働者」であるというレベルの理解は、東大時代は生まれなかった。

認識が大きく変わったのが第二次の立教時代に全カリセンターに責任を負ったときからである。先にも触れたように職員の人たちは超過勤務をものともせず付き合ってくれた。それだけではない。進行しつつあるカリキュラム改革がどこまで進んだかを熟知し、案件によっては教員と対等に協議し、足りない所を確実に調べたり補ったりし、さらに教養教育づくりに腐心している外部からの問い合わせにもきちんと答えてくれる、まことに頼もしい「戦友」たちであった。このような連携の恩沢に浴したのは私だけではない。多くの関係教員が全カリ事務室に出入りして会議や協議をした。「事務室の中で全カリの部屋ほど先生たちが出入りするところはない」と噂されていたほどである。

あるとき他大学の保健体育担当教授から「おたくの職員の人は見事ですねえ」と感嘆された。保健体育科目の処遇について、実に見事に教えてくれたというのである。一般教育衰亡の中で特に深刻だったのは、戦後以来必修科目でありながら「大綱化」のもとでは必置科目ですらなくなり、置く場合も選択科目となった「保健体育」をどのように位置づけるかであった。立教は早くから必修制度廃止の方針こそ取っていたものの「スポーツ実習科目」と改称して内容を一新し、さらに総合科目の中にも体育の先生たちが腕を振るわれる環境問題に関する授業科目を構想していた。それらの情報を「事務の人が正確に、親切に教えてくれました」というのである。このような事務職員の姿は、私にも初見のものだった。

私の認識にもたらされた決定的な変化は、桜美林大学院でゼミを持ってからである。大学を越えて勉強会をつくっていたさまざまな大学の職員たちが、「大学史」を掲げて土曜に開いていた私の大学院ゼミに、競って出席し聴講するようになった。勉強会の名はＦＭＩＣＳ（フミックス、高等教育問題研究会、Fusion for the Management of Independent College and School）と言い、かなり長い歩みを重ねていた。その人たちは勤勉な出席者であるだけでなく、授業の厳しい批評家でもあった。

付き合いを続けている間に、私はそれまでの認識の不足に気付くようになった。

一つは「大学人」というカテゴリーの中に職員を入れて考えたことはほとんどなかった。その結果、大学に関する本を出しても、その読者として職員を想定したことはなかった。二つは「この大きなエネルギーを抜きに大学改革はできない」という判断を持っていなかった。これではいけないと反省していたころ、桜美林学園の中では、大学院のコースに大学職員養成の修士課程を増設しようという話が盛り上がってきた。そこで二〇〇一年に発足したのが国際関係学研究科内の「大学アドミニストレーション専攻修士課程」であった。第一期生には先に触れた勉強会の人たちが進んで志願し、ファカルティーにはアメリカで大学経営の経験のある諸星裕氏や東京工業大学の矢野真和教授（のち東京大学教授）などの出講を得た。文部省で当時大学学術局長であった合田隆史氏（現在尚絅大学学長）も喜んで非常勤の講義を担当された。

桜美林大学の定年まで丸二年しかなかったが、この間、通学生との付き合いを通して学んだことは多かった。印象に残っているのは、職員の人たちは「大学とは何か」という問いを特に強く持っているということであった。それは知的好奇心の所産というだけではなく、自分の職場の特質を知りたいという生活上の必須の欲求に発するものと思われた。

そこで私は、後日「大学職員のリテラシー」すなわちSDのミニマム・エッセンシャルズを提案した。「大学という組織の特徴と本質」「大学の法制と自校への理解」「大学政策の動向」の三つである。また、その後のSD実践を通して、職員と教員が共通するテーマや各々が抱えている固有のテーマについて学び合うことの重要さにも気づかされた。これらのことについては特に立教大学の職員の人たちとの共著があるので参照していただければ幸いである（寺﨑昌男・立教学院職員研究会編『21世紀の大学─職員の希望とリテラシー』、二〇一六年、東信堂）。

大学における職員の重要性を正面から指摘したのは中教審の二〇〇八年の答申であった。およそ一頁半にわたって職員の能力開発を論じ、コミュニケーション能力、企画能力やマネジメント能力、大学問題に関する基礎的な知識、理解などの一般的能力のほか、学生生活支援ソーシャルワーカーといった新しい能力も求められている、と論じた。

こうした叙述からも分かるように、この答申は、大学職員の問題を正面から詳細に論じたという意味では記念すべき答申である。

なお私が第一線を退いてからも、事務職員の職務権限あるいはミッションに関する法規定の改善はさまざまに進んでいる。また深刻化する少子化によって大学の存亡が問われるにつけても、職員の能力向上はますます求められ、研修の実践活動もさらに進んで行くことと思われる。

大学アーカイブズの設置活動と全米アーキビスト協会大会への出席

大学史専攻者として、一九〇〇年代末に行なった活動の中で特に記しておきたいことが二つある。一つは大学アーカイブズの設置活動への参加であり、二つは「自校教育」を試みてそれが一定の広がりを見せたことである。

「日本の大学には文書館がない。ぜひとも設けるべきだ」。東京大学にいたまわりの仲間とともにそう思い始めたのは、『東京大学百年史』編集の後半ごろであった。一九八二年頃から「この資料をどうするか」という具体的な問題が浮かび上がってきたのだった。

百年史編纂にからんで、編集室にはさまざまな史・資料が集まっていた。例えば加藤弘之、外山正一、井上哲次郎の日記、元総長内田祥三《よしかず》家文書、元事務局長石井勗《つとむ》関係史料、そして明治以降の膨大な文部省等への往復文書や簿冊等々、多くの種類と量の重要資料である。それらはもし百年史編集が終わって部屋が消えることになったらどうなるだろうか。他の大学に多くの例があるように、誰も顧みない資料群や非現用の行政資料となり、ダンボール箱に詰め込まれて放置され、やがて邪魔物になって廃棄……といった運命をたどらないとは限らない。編集室からは「そんなことになるくらいなら全部今のうちに元の所有者に返すことを考えるべきだ」という強い意見も出ていた。

「全一〇巻刊行の最後は一九八六年度になるだろう」と見通せるようになった一九八五年には、善後措置を立案する必要性（すなわち資料四散の危険性！）は目前に迫っていた。

この年度に編集室一同で当時の森亘総長（医学）に働きかけた文書群は、復刻されている（寺﨑「東京大学史史料に関する提案二束」、『東京大学史紀要』第五号、一九八六年二月）。さんざん苦労した末にたどり着いたのは、編集室の後を廃止するのではなく「東京大学史史料室」に改編して残し、全学的な「東京大学史史料保存に関する委員会」を置く、ということだった。史料保存に関する委員会は刊行終了直後の一九八七年四月に発足し、やっと東大にも担当責任にある委員会と大学アーカイブズに似た一室が発足することになったのだった。

私は発足時に初代室長を勤めたが、後に触れるように教育学部附属中・高等学校の校長に選任されてしまったため、翌年度からは経済学部の日本経済史専攻の原朗教授に交代していただいた。

実は百年史編集室では、前任委員長の土田直鎮教授時代に、大規模な研究（「東京大学関係諸資料の保存と利用に関する予備的研究」、一九八一・八二年度）を総合資料館と共同して実施していた。それによって東大内の学術上必要な資料・文書が未整理かつ四散していることを指摘するとともに、世界の大学では大学アーカイブズを開設することが常識化しており、アメリカの大学の九六％、世界中を見ても八〇％以上の大学がアーカイブズを設置している、といった実態が明らかになっていた（この調査についても報告が残されている（『東京大学史紀要』第五号参照）。

これより先、八〇年代には東北大学が記念館内に文書部門を持ち、私学では早稲田大学、慶應義塾大学、同志社大学がそれぞれ整った史料館を持ってはいたが、国立の場合、東大においてさえ右のような有様だった。「近代大学の常識は Museum, Library, Archives を備えることだ」（いわゆるＭＬＡ原則）というテーゼが欧米の大学界にあるということも右の調査の中で分かっていたが、日本の実情は程遠いものだった。

またアメリカには全米アーキビスト協会という組織があることも分かった。若い人たちから「先生、一度見て来られたらどうですか」とうながされ、日本学術会議の国際会議派遣補助制度を利用して、一九八三年夏にミネソタ州のミネアポリス市で開かれた年次大会に出席した。八〇〇人ほどのアーキビストが出席する刺激的な大会だったが、よく分かったのは、アメリカでは州・市はもちろん会社・銀行・裁判所・教会などさまざまな機関がアーカイブズを持っていること、その中で大学アーキビスト（University & College Archivist）の人たちは、一団のプロフェッショナル集団をなしていて活発に活動している、ということだった。

また足を延ばして、ミネソタ大学、シカゴ大学のアーカイブズを訪ねたし、他の機会には、スタンフォード大学、ウエルズリー大学等の大学アーカイブズを訪ねた。その結果、アーカイブズは決して一色のものではなく、それぞれに特色があっていい、いやむしろそれぞれが特色を持つことこそがアーカイブズの存在理由なのだ、ということに気付いた。

またさらに、アメリカの大学にアーカイブズの設置率がなぜ高いかは、第二回目の渡米時にジユニアカレッジやコミュニティーカレッジ等のアーカイブズにも立ち寄って分かった。設置率が九六%となっているのは、アーカイブズの設置理由の一つが「大学の地域への貢献」を確認し展示しておく必要があるからである。大学の活動を納税者や地域に対して常にオープンにし報告できる状態にして置くこと、すなわちアカウンタビリティー（説明責任）を証明するための事業であることがよく分かった。この点は、東京大学でアーカイブズの必要を訴えた時の視野、すなわち専ら歴史研究への貢献を説いた議論に全く入っていなかったことに気付いた。

その後、日本ではアーカイブズをめぐる法的条件と大学政策の動向、大学経営者たちの自覚等は大きく変わってきた。

「行政機関の保有する情報の公開に関する法律」（情報公開法、一九九九年、平成一一年法律第四二号）などが公布されて特に国公立大学の資料保存と公開設備の整備が進み、それにならって認証評価機関の理解も進んできた。大学基準協会はアーカイブズの設置や沿革史の編纂発行等を大学の内部質保証の一環と数えるようになってきた。私も、旧帝国大学では京都大学、九州大学、北海道大学、名古屋大学がアーカイブズあるいはそれに準ずる機関をつくった時に、各機関のニュースレターや館報に執筆したり記念シンポジウムに出席したりして、出発を祝う機会に恵まれた。また私立大学の中では、明治大学文書館、立教大学資料センター、立教学院展示館、大阪女学院大学等の機関創設を応援させてもらった。

自校教育の試み

アーカイブズの展開と沿革史の充実、そして大学における初年次ないし低年次教育の必要性ということと密接にかかわるのが「自校教育」という試みである。私はその創始者の一人ということになっている。

始めたのは一九九七年の四月だった。立教大学の全学共通カリキュラムが発進した年である。学生たちに立教大学について教えてみた。「大学論を読む」という半期制の講義の途中で、ふと思い付いて「立教大学を考える」というテーマで二回だけ講義をしてみたのだった。聴講生四十五人の小規模講義だった。

やってみて効果に驚いた。新入生たちは立教についてほとんど何も知らないまま入学して来ている。あるいは、ほかの大学が本命だったがやむを得ずここへ進学してきている。そういう「不本意進学者」が少なくとも三分の一はいるように思われた。その学生たちに立教百二十五年の歩みと現在の問題、また特に他のミッション系大学と立教との歴史や校風の違い、その宗派的・理念的背景の特質などを語ると、文字通り目を輝かせて聞いてくれた。

次の半年間には文学部が開く準共通科目の中の「科学・大学・教養・人間」という科目を担当したが、その中で三回にわたって、さらに詳細に「立教大学の歴史と特色」を話した。聴講者の中には「来春卒業します。就職も内定していますが、四年間この大学が嫌いで仕方がありませんでした。でもこの講義のおかげで、とても好きになることができました。卒業直前にこんな機会を与えて下さって本当に感謝しています」という、かつて受けたことのない心からの謝辞を記してくれた学生もいた。

こうした体験を私は「学生諸君に『立教』を講義して」(全カリ運営センター『大学教育研究フォーラム』第三号、一九九八年三月)という文章に纏めたのだが、立教の先生方は、数年後から「立教学院の歴史」という科目を、全カリの中に設けられた。

私が開始したのと同じ年の一九九七年に、明治大学は大学の正規の科目として「学生たちに今いる大学のことを語る」という試みを始められたと聞く。その数年前から本格的な沿革史編纂を始められていた大学である。私のように思い付きで添加した講義ではなく、正規の科目として開始された。そういう動きもだんだん広く知られて来たようで、現在、新聞等では「自校教育」という名称で呼ばれるようになった。

二〇一四年のデータでは、初年次教育の内容として「自大学の歴史等を題材とした、自大学への帰属意識の向上に関するプログラム」を設定実施している大学は二〇一五年度で四二・一%に達している(文科省、高等教育局大学振興課の調査による)。また少し前のものになるが、自校教育のうち約三割は半期ないし通年の授業計画全体を自校教育・自校史教育で構成する、いわゆるフルパック型の課程として展開されているという(二〇一一年、岩手大学・大川毅氏の調査による)。われわれが全国に向かって呼びかけたわけではないが、大学の質的改革運動という点では珍しく普及した活動だった。

一連の活動を通して、私は色々なことを学んだ。

第一に、講義を通じて学生たちがいかに安堵するかということである。彼らは、「自分が入ったこの大学はどのような大学か」という情報に飢えているわけではない。ただ「合格して大学生になった自分は、いったいどこにいるのか」ということに不安を持っている。自校を知ることを通じて、彼らは自分の位置を知る。そして安堵する。つまり「自分を知る」という一つの経験をくぐるのである。

第二に、自校の実態や自校史を教える際に、高邁な理念や誇らしい歴史だけを強調してはならない。弱点や汚点、恥ずべき事件も率直に語ることが大切である。学生たちは、すべてを知ることを求めている。遠慮なく「打ち明け話」をすることも大切である。学生たちは傷つきはしない。むしろ「そのときこの大学の人たちはどのように対応したか」「現在のこの大学関係者たちは、その事件をどのように評価しているのか」といった点に強い関心を持っている。

第三に、学生たちは「偏差値」以外の観点から自分のいる大学の位置を知りたいと思っている。特に同じ類型の大学・学部（例えばミッション系総合大学、多種の看護大学・学部、あるいは同じ農学部の間等々）と比べて自分のいるこの大学・学部はどのような特色を持っているか、といった情報に特に興味を持っている。

右のような点を考慮してみると、「自校史を含む自校教育」の実施がいかに深くアーカイブズの活動や沿革史の充実に依存しているかを知ることができよう。本当の歴史情報や正確な資料なしには、いい講義を組み立てることはできない。他方、学生たちに自分の大学の特色を知ってもらうことは、今日強調されている大学アイデンティティーの認識を共有する作業である。そして学生たちはこれらの作業を通じて、初めて自校の建学の精神を認識することができる。「建学の精神」とは創設者の言葉ではなく、創立以後の歴史の中で先輩たちがどのような価値を選び取ってきたかという価値選択の系譜のことである。学生たちは自校についての学習を通じて、このことを納得してくれる。のちに桜美林、獨協、大東文化その他の大学でも自校教育のお手伝いをした。

自校教育あるいは自校史教育の試みは、私にとって、大学教育活動の到達点ではなく、それまで行なってきた学術研究活動の「教育的集約点」だったように思われるのである。

大学運営への参加と外部評価活動

一九九二年から大学には努力義務としての「自己評価」が課せられるようになった。一九九九年からはこれに「外部評価」が加わった。そしてその自己評価報告書にもとづいて第三者に外部評価を請うことも、義務にひとしい活動となった。

他方、国立大学を法人化すべきであるという意見が政界の中に生まれ、そのための世論のステップが着々と作られるようになった。独立行政法人になるか他の法人のかたちを取るかは長い間揺れたが、結果的には二〇〇四年度から「国立大学法人」として出発することになった。

このような法人化への動きに先立って各国立大学につくられたのが運営諮問会議であった。学長の諮問に応じ、地域社会や大学専門団体の意見を聞く会議である。類似の機関が筑波大学に「参与会」として置かれていたが、国立大学に個別にこのような諮問会議が置かれるのは初めてのことであった。私が委員として依頼されたのは二〇〇〇年九月から二〇〇二年三月までが山梨大学、二〇〇二年四月から二〇〇四年三月までが秋田大学であった。両者とも当時勤めていた日本教育学会会長としての識見を生かしてほしいという趣旨からのことだった。

長い間いくつかの大学に滞在したり訪問したりしたことはあったが、新制国立大学を内部から見るのは初めてのことで、貴重な勉強の機会でもあった。

山梨大学は、もともと医学部を持っていなかったが、同県内にあった国立医科大学を医学部として統合する方針を決めていた。既存の工学部、教育学部と新医学部の間をどのように調整して大学の綜合化を図るか、また地域社会の産業需要や人事養成需要にどのように寄与するかといったことが課題であった。秋田大学では、立教全カリのころのことを思い出しながら、英語教育の重要性と改革の方策をしきりに説いていたところ、任期終了の直前になって、同じく運営審議会委員であった市の商工会議会頭から「このところ就職試験から見て秋田大学卒業生の英語力がぐんと上がってきたことが分かって、企業側の評判が大変上がってきた」という発言があり、嬉しかった。国立大学に来る学生たちは英語学力において決して低くはないはずである。ところが外国語教育が大学の教育革新の対象とならない傾向が強いために、学生たちが入学後伸びないでいるのだ。ほんの少し手を入れるだけでも著効があるということを実見した思いだった。

監事として役員の一人に加わったのが、奈良教育大学であった。二〇〇四年から二〇〇八年度まで二期四年にわたって勤めたが、二〇〇四年と言えば法人化後の最初の新年度であった。それからの四年間で、教育系大学が財政的にいかに苦しい立場に置かれるか（運営費交付金以外の財源がほとんど期待できず、しかも容赦なく毎年度の浮沈と人員削減とに迫られる）、大学の盛衰が事務局長人事如何によっていかに大きく左右されるか（ただし上級職員の人事は基本的に教育行政当局のネットワークのもとにある）、といったことを目のあたりに学ばされることになった。同大学は、学長の優れたガバナンスのもとで、地域との緊密な連携がつくられたし、教職員のモラールも高かった。私は、役員会では少し発言しすぎではないかと思うほどに意見を述べ、何とか教育系大学としての特質が発揮されることを祈っていた。

このほか、理事として運営に参加した私立大学に、大東文化大学（東京・板橋区）と大阪女学院大学がある。大東文化大学は教え子が教員を勤めていたのが機縁だったが、大規模私学における「運営機構の運営」のむずかしさを、これまた目のあたりにすることができた。同大学の「環境創造学部」の創設に参与したこと、また大学アーカイブズの創設を提唱し実現されたことなどはせめてもの功績だったと言えようか。

大阪女学院大学は、かつて卓抜した英語教育で知られた大阪女学院短大に併設して作られた四年制女子大学である。大阪市中央区玉造にあり、環状線の内側にある唯一の女子大学という有利なロケーションを持ちながら、学生募集には苦労が続いた。「大学は小さい方がいい」と言われている。教育面では真実である。しかし経営の面ではいかに大きなリスクをはらんでいるかを知ることができた。プロテスタント系のミッションスクールであること、教職員がつくる同信者としてのコミュニティー性が明確であることなどは、現代の大学界では稀に見る貴重なものだと思われた。しかしそれらのことが学校の経営的安定と研究水準の維持に結びつきにくいことも否定できなかった。

これからの活動と併せて続いたのが一九九〇年代末から二〇一〇年代までの大学外部評価活動である。

招かれた研究所・大学・学部は、国立が圧倒的に多かった。おおむね招かれた順に挙げてみよう。

国立――新潟大学教養教育課程／国立教育研究所／山梨大学／山梨大学教育人間科学部／神戸大学人間発達科学部／大阪教育大学／岩手大学人文社会科学部／岩手大学／鹿児島大学教養教育課程／福島大学／千葉大学普遍教育センター／山梨大学工学部

私立――大阪女学院短期大学／早稲田大学法学部／慶應義塾大学文学部

このほかさまざまな大学が行なった教育試行への協力依頼もあった。すなわち筑波大学大学院等数校の教員養成系大学院が谷川彰英教授を中心として開催していた「広域間大学連携による高度な教員研修の構築」という大学院教育の開放・提携を目指すプロジェクト、島根県立短期大学看護学部の先生たちによる「だんだんeポートフォリオによる自己教育力の育成」、そして山梨大学工学部で行なわれた工学部学生のためのリーダーシップ養成プログラム「『学大将』プロジェクト」、といったプロジェクトである。それらについては外部審査委員長と外部向け公開発表の委員長とを兼ねる役割を依頼され、無事果すことができた。

また最近のことになるが、元副学長・逸見勝亮氏が仲介されて、二〇一八年度には北海道大学大学文書館の外部評価を依頼された。文書館それ自体の基準や設置基準はできていない。その中で「評価」するのは難事業であったが、旧帝国大学の中でも京都・東北・九州に次いで設立された文書館の観察は、極めて有意義であった。同時に、大学基準協会は、大学図書館基準を戦後いち早く設定した団体だが、それと同様に大学博物館と大学文書館の基準を早く設定し、レベルの保持と水準の向上に寄与してほしいという願いを新にした。

これまで述べたような多種多様な大学・学部の外部評価等を依頼される機縁になったのは、旧知の大学人との長い交友のおかげである。例えば大阪女学院では関根秀和氏（社会学、大学教育学会）北海道大学文書館では先述の逸見勝亮氏（日本教育史、教育史学会）、秋田大学では對馬達雄氏（ドイツ教育史、教育史学会）などである。研究者としても大学人としても尊敬すべき方たちとの接触のおかげで、大学の内部に関して、私の見聞や課題は大いに広がった。

大学関係機関への外部評価については、「被評価者側の準備や手間を考えると現場を忙しくするだけの迷惑な作業ではないか。頼まれても行かないことにしている」という意見を持つ友人もいた。そのような例もあるだろう。しかし経験から見る限り、当事者側は、それまでの歩みをふりかえり省察するいい機会になっているように見えた。そしてエゴイスティックな言い方になるが、私自身にとっては、多種多様な大学を内側から知るこの上ない機会になった。立教学院・大学総長室の調査役だった二〇〇四年に立教大学が全学共通カリキュラムの外部評価を受けた時には、評価される側に立って評言に接した。大いに有効だったのを憶えている。

なお、各大学が自校のために自校自身を科学的に調査するＩＲ活動というものがある。Institutional Research の略語である。桜美林七〇歳の停年後、立教学院の調査役に就いた翌年、これほどの大学に「調査機関」というものがないのは何事か、と思って、職員の西田邦昭、今田晶子両氏と一緒に、中部大学、関西国際大学、立命館大学、名古屋大学の高等教育研究センターを案内・見学して、お二人に見聞を広めてもらった。次いで部長会は立教にも研究センターを置くことを決め、理学部長だった檜枝光太郎教授（生命科学）と今田氏の協働によって二〇〇四年一〇月に「大学教育開発・支援センター」が発足した。その後、私はそのセンターの顧問となる傍ら外部向け連続公開講座の講師役（二〇〇五年、その記録は『大学改革　その先を読む』として二〇〇七年に東信堂から公刊されている）や大野久副センター長（心理学、学校社会教育講座教授）が進められた一連の大学院調査に協力したりして、事業に参画した。センター発足までに集めていた大学・高等教育関係の専門書籍はすべてこの新発足センターに寄贈した。

V　大学教員として教育と向き合う

さまざまな学会を運営して――教育史学会、日本教育学会、大学教育学会

六〇年間にわたる研究生活の中で、教育学者の一人として多くの専門学会に入り、教育史学会は代表理事として、日本教育学会と大学教育学会は会長として運営にも心を砕かざるを得なかった。

最も早く入会したのは日本教育学会で一九五九年だった。最後に入ったのが大学教育学会である。ただし同学会は当初一般教育学会と称していた。この間、日本科学史学会、関東教育学会、日本教育法学会、日本高等教育学会にもそれぞれ短期間入っていたことがある。日本学術会議には一九九七年から二〇〇三年まで選出され、第一部の幹事を勤め、改組後第一期の連携会員も務めた（二〇〇六～一〇年）。書いてみるといかにも多いが、文科系の研究者としては普通の例ではあるまいか。

参加の仕方には濃淡があった。

「専門」に最も近かったのは教育史学会であった。一九五九年発足のこの会は、日本・東洋・西洋という歴史学の三分法を取らず、「教育史」一本とする構成を取っている。大会の自由研究発表部会は三分野方式になるが、シンポジウムは融合したテーマになる。しっかり準備しさえすれ

ば、教育を介して歴史の研究と教授を総合的に考えるいい機会になる条件を持っていた。実際、一九六〇年代末から七〇年代の初めにかけては、大学紛争の影響を踏まえながら「教育史学とは何か」（正・続、一九六九〜七〇年）、「戦後における日本教育史研究の成果と課題」（一九七一年）、「なぜ外国教育史を研究するか」（一九七三年）、「私の教育史教育」（一九七六年）といったテーマでシンポジウムを組んだ。こうした活動は、学会の総合的構成を生かした好成果だったと言えよう。

だが入会した一九六三年ころにさかのぼると、問題もあった。歴史学分野に特に強い傾向として、一人前になるのには徒弟制的なトレーニングが要請される。その影響からか、所属研究室における師弟関係・先輩後輩関係などが、そのまま学会の場に持ち込まれる。発表や質問のシーン、あるいは互いの呼称（「キミ」と呼ぶか「先生」と呼ぶか）などにそれが露骨に現われる。同じ会費を払った者同士が構成する学会とは思えなかった。これでは駄目だと思った私は、会員同士は相手が誰であろうと「〇〇会員」と呼ぶことを実行してみた。

実は大学管理運営法問題が議されることを知ったのでたまたま日本公法学会の大会に出てみたのだが、そこでは憲法学の大家と若手弁護士とが、互いに「会員」と呼び合って、対等に論戦を展開していたのだった。教授たちと弁護士・検事等の法曹、さらに少壮の助手や法律事務所員等々が入り交っている学会だから生まれた習慣かも知れない。しかし隔意のない討論風景はさわやかであった。教育史学会で同じ時期に役員を始めていた友人の佐藤秀夫氏にこの方式を取り入れてみないかと話すと、直ちに賛同してくれた。質問をしたり司会をしたりする機会を使って二人で実行すると、瞬く間に広がっていった。会員は皆、実は困っていたのだ。その後教育関係の学会では、広く「会員」という呼称が広がっているが、教育史学会の試みが広がったのかも知れない。

第二に、機関誌審査手続きの改革を担当した。年一回公刊される機関誌『日本の教育史学』は、学会大会の口頭発表の中から司会者の推薦によって、各会場につき一本ずつ論文を掲載するという方式だった。しかしこれでは部会を構成し司会者を決める時点から策略や不公平が入り込むのではないか、という強い批判が起きた。それに対応して専門性尊重のシステムをどう作るかが課題となった。改革委員会の座長に選ばれて、審議を尽くした。結果として、一九九〇年から公平な方式の選考システムが実施され、少しずつ改良しながら運営されている。一九九五年から二〇〇〇年にかけては代表理事に選ばれて、立教大学、筑波大学、同志社大学での大会に力を絞った。

最も長く会員生活をしたのは日本教育学会であった。入会した一九五九年は博士課程に入ったばかりであった。その時点で会員はすでに二〇〇〇人を越えていた。あのまま過ぎていたら、大勢の会員の中の「若手」の一人として、発表を繰り返しながら過ぎていたことだろう。その私に強引に役をあてがわれたのは、教育学科のファカルティの一人、勝田守一先生である。

一九六〇年だったと記憶する。先生から電話がかかってきた。近く発足する大学制度研究委員会で幹事をやってほしい、ついては近いうちにわが家に来るように、と言われる。全国学会など、入会はしたが雲の上のような世界だ。あんなところで幹事とはなにごとか、と震えが来る思いだった。そういえば数週間前に委員会メンバーの募集が来て、大学制度研究の委員会をつくるから希望者は関心のあるテーマを書いて届け出るようにと書かれていた。ちょうど教育改革研究会の『大学教育』の資料集めと下原稿書きに専念していた時だったので、「一般教育の理念」「大学の管理運営制度」などと書いて申込書を送っていた。いろいろ教わりに行こう、と思っていたのである。まさかそこで幹事をするとは……と、さんざん辞退した。しかし先生は穏やかな普段の人柄にも似ず「やってほしいんです」と譲られない。とうとう折れて「勤めます」と答えてしまった。

この時は中教審が戦後初の大学問題諮問を受け、松田竹千代文部大臣の諮問をもとに「大学教育の改善について」という審議を始めた時期であった。研究委員会はその事態を受けて組織されたのであろう。やがて中教審は大学管理法制定問題を審議するようになり、一九六一年から六二年にかけて戦後二回目の「大学管理法問題」が起き、委員会はそれに対応する口頭報告や資料作りに追われることになった。

思えばこのときの幹事経験が、私を学会というものに近づけた最初のきっかけであった。

その後、主に大学関係の案件が学会の論題になると呼び出されてシンポジウムの発題者に指名されたり研究会の幹事役をやったりした。忘れられないのは一九六九年夏に開かれた大会シンポジウム「変動期における大学の役割とその機能」で「戦後大学改革が残した課題」を報告したことである（『教育学研究』第三六巻第四号、一九六九年一二月）。大学紛争の余燼がまだ収まっていない時点だったのによくぞ引き受けたものだと思う。

その後、一九七〇年代には海後会長を中心とする「大学の大衆化」問題の課題研究の幹事をし、八〇年代には機関誌『教育学研究』の事務局長や編集委員長を務め、一九九八年には会長に選ばれてしまった。

常に三〇〇〇人を下らない会員数を持ち、学術会議の分類では九〇数学会にのぼる教育学関係学会の中でも最長に近い歴史を持つ日本教育学会の運営は、やはり容易な仕事ではなかった。私の前の会長は堀尾輝久氏、その前は大田堯先生であったが、大田会長期は教科書検定の問題と国際交流特に中国教育学会との研究交流に力が注がれ、私はその事務局長として働いた。堀尾会長期は事務局体制の確保と財務の改善とが進められ、政治・社会面では比較的穏やかな時期であったが、私が会長になった一九〇〇年代末になるとたちまち起きてきたのは教員養成大学・学部の学生入学定員を五〇〇〇人削減するという政策の登場であった。教育学会の会員にとって、この学生定員削減案は所属部局の変更や大学教員定員削減に連なり、他人事ではない。さっそく検討のための研究や報告を組まねばならなかった。

次いで起きた大きな課題が、国旗国歌法の成立（一九九九年）である。すでに学習指導要領には日の丸の掲揚や君が代斉唱が掲げられ、現場に調査が繰り返されるなど問題になっていたが、あの際は立法に際して理念が問われ、また施行後は学校での扱いが問題となることが予想された。

学会では理事会で討議し、意見書を各方面に配布した。しかし反応は限られたものであった。

次いで起きた最大の事件が、教育基本法の改正問題であった。これは見過ごすことのできない大事件であり、それまでにも同法の成立過程や思想史的意味について会員たちによって多くの研究が積み重なっていた。どのように対応するか。審議の末、教育学関係諸学会に呼びかけて合同シンポジウムを開いていく、ということに決まった。教育史学会、教育法学会、比較教育学会、教育社会学会、教育行政学会など一〇の学会に呼びかけ、その連名でシンポジウムを開いた。準備作業は大変だったが、明治大学で開いた第一回の公開シンポジウムには五〇〇名に近い研究者や市民が参加し、学会内の研究状況や意見を改正賛成意見も含めて公にすることができた。

教育の分野は絶えず政策の対象となり、国家行政権力と教育原理・運営・教育実践との矛盾・葛藤が生まれやすい。従って学会の社会的発言が求められることが少なくない。そのときに、多様な意見がある学会で、どのような内部手続きによって合意をつくり、どのような方法で社会的発言をするかは、実に大きな問題になる。公的に討議可能な場を設定し、単独学会でなく学会連名方式で討議を行なう、という趣旨で開いたこの時の方式は、その後、教育関係学会にも受け継がれているようである。歓迎したいことの一つである。

私は、日本教師教育学会、教育史学会、日本教育学会等主な専攻分野関係の学会からは、二〇〇〇年代の初めに退会した。自分にはもはや新しい研究分野を切り開く可能性はなく、またそれまでの教え子の人たちが各自の専攻を生かしつつ学会で活動するようになっていて、いまさら席を汚す必要はないと判断したからである。

ただし大学教育学会は別であった。一九七九年という遅い時期に発足したこの会は、現在一三〇〇人を少し越える程度の中規模学会であるが、特に大学の教養教育の研究と推進を目指している。いわば大学教育実践者の会であって、最近は職員の参加も多い。大学の理論的実践的課題に取り組むことも多い身としては、退くわけには行かない。二〇〇六年から二〇〇九年まで会長を勤めたが、現在は名誉会員・顧問として参加を続けている。

日本学術会議は一九九七年から二〇〇三年まで（第一七、一八期）、潮木・天野・佐伯胖《ゆたか》氏（当時東京大学教授）とともに勤めた。総合科学技術会議からの解散圧力に耐えて新編成に移行を図らねばならない苦しい時期だったので、会長以下たいへん努力をされたが、私は第一部幹事として文化人類学の原ひろ子氏や芥川賞を受けたドイツ文学研究者の柴田翔氏らと交誼を深めることができたこと、秋田大学で第一部会を共同開催させていただき、心のこもった歓迎を頂いたことなど、思い出も深い。二〇二〇年以降の任命拒否事件には憤りを抑え切れないでいるところである。

中央教育研究所のこと

このほか教育研究に直接に関わる活動としては、野間教育研究所理事と中央教育研究所の理事長の経験がある。野間教育研究所の理事職については先に述べたので、中央教育研究所のことについて書いておこう。

現・公益財団法人中央教育研究所は、海後宗臣先生が仲間とともに敗戦直後の一九四六年に作られた任意団体であった。最も有名な活動は同年に埼玉県川口市で発表した新教育カリキュラム編成の試みで、「鋳物の町」として有名だった地域の産業と生活に基づく教育計画立案活動は、「川口プラン」として戦後カリキュラム運動の象徴となった。海後、梅根悟など、当時中央教育研究所に集まった教育研究者たちがその指導に当たったのであった。

私がこの研究所の理事長になったのは二〇〇二年のことであり、心理学者多湖《たご》輝《あきら》氏の後を継いでのもので、一九八七年に海後先生が没されてから五年後のことであった。しかし財政的に最大の支持者である東京書籍株式会社との連携のもとに小中学校の実践研究や教師の意見調査、さらに小・中・高校教育内容の研究といった教育実践に即した研究を重視して行くという伝統は今日まで揺らいでいない。

私としては、理事時代に共同でやった「総合的な学習」に関する調査が印象に残っている。「総合的な学習」の先駆となるようなカリキュラム編成と実践を行なっていた小・中学校一五校を全国各地から取り上げ、当事者の先生たちを研究所にお招きし、理事数人でヒヤリングをし、ご一緒にディスカッションを重ねた（財団法人中央教育研究所『「総合的な学習」の実践研究』小学校編一・二、中学校編一・二、一九九八〜二〇〇一年）。さらに座談会記録（『学校を変える「総合的な学習」――実践校の歩みから学ぶ』、二〇〇一年）も出版し、結局全五冊の報告書にまとめた。中央教育研究所ならではの実践研究として最も思い出が深い。小・中学校の「総合的な学習の時間」が出発したのは一九九八年四月のことで、右の諸報告の出版期と重なっていた。

また理事長在任中からその後の特別相談役時代にかけて、研究所の建設と発展に寄与した研究者たちの伝記と事績を集成した『中央教育研究所をつくった人々』①〜③、二〇一四〜一六年（『教科書フォーラム』別冊）という冊子シリーズで海後宗臣、矢口新、村上俊亮、飯島篤信の諸氏を取り上げ、研究所への貢献を明らかにしたことも忘れ難い思い出である。

このほか駒込武、奈須恵子、吉村敏之（当時東京大学大学院生から宮城教育大学講師へ）とともに研究所理事時代に行なった『国定教科書における海外認識の研究』および『戦後教科書における海外認識の研究』（一九九二年・一九九六年、同研究所刊行）も久しぶりの実証的教科書分析であった。

このころ私は立教では全学共通カリキュラム編成作業の渦中にあったから、目の回るような忙しさの中にあったが、若いメンバーとのこの作業には、砂漠の中のオアシスのような思いで加わった。

講義への工夫

ふりかえってみれば、大学教員として教壇に立ってから半世紀以上が経っている。

生まれて初めて講義をしたのは一九六七年に立正大学（東京）から非常勤講師を頼まれて、教職課程の「教育方法論」を担当したときであった。それから教員としての定年を迎えた二〇〇二年、七〇歳のときまでをとれば、三五年間教え続けたことになる。大学院授業の初経験は立教大学で一九七一年に受け持った「教育史特講」だった。それからでさえ三二年間になる。

この長い期間に大学教師として授業方法の新機軸を生み出したかと聞かれれば、答えは「ノー」に近い。今広がっているアクティブラーニングのための諸方法や学生諸君を加えての参加型授業や課題解決学習といった工夫にも遠かった。ただわずかに教育内容構成の面から言えば、いくつかの工夫をすることができた。

第二次の立教大学時代に始めた先述の「自校教育」の試みは、その一つだった。決して「皮切り」の活動ではなかったが、個人の試みとしてはオリジナルなものといえようか。

次に心掛けたのは、「レポートの書き方」というトピックを、授業の中に加えたことである。自校教育と同じく第二次の立教時代に始めた。最初は担当の教職科目「教育学概説」の中に、おまけのような形で付け加えた。実のところ、毎学期成績評価の対象として提出される「レポート」の退屈さに我慢できず、発作的に挿入したのだった。だが、学生たちからこれほど感謝されたテーマはなかった。

大学生たちは、高校までの一二年間に「文章を書く」という訓練をほとんど受けていない。教育学者として不甲斐ないことに、私はこの事実に気付いていなかった。

そこで①「レポート」は「感想文」とは違って、「調べて書く文章」であること、②上手な文章を書く必要はなく、正確な文章を書くことだけが大事であること、③基本的に「仮説—検証—結論」という構成を取ること、といった初歩の初歩にあたることから教えて行った（寺﨑「学生諸君に『レポートの書き方』を教えて」、『大学教育の可能性』二〇〇二年、東信堂刊に所収）。この指導を始めてから、学生諸君のレポートの質が確実によくなって行くことが分かった。立教定年後に桜美林大学に移ってからもアンダーグラジュエートの授業でこの試みを続けた。学生たちの喜びようと効果の確実さは、立教の場合と全く同じであった。

最後に、専門科目の教育内容構成の工夫について述べておこう。このテーマの重要さを痛感させられたのは、東京大学勤務時代であった。

私の身分は最初の一年間は助教授、あとの一二年半は教授、そして任務は「教育史講座担任」というもので、担当する科目は三・四年次生向けの「日本教育史概説」であった。「概説」という科目は、私たちが駒場から進学してきた一九五三年以来ずっと各学科目ごとに並んでいたが、「教育史概説」もその一つで、教育哲学・教育史学科の学生にとってはもちろん、他のいくつかの学科の学生にとっても選択必修科目の一つに加えられていた。聴講生は多い年で六〇人程度、少ない年は四〇人くらいだった。私学にくらべれば信じられない小規模講義だが、それだけに、学生諸君の反応はよく分かった。「『深刻だなあ』と思っていた教育問題が実は歴史に根ざしていることがよくわかりました」「きちんと歴史を知らなければ教育問題の解決は見えないことが、納得できました」といった感想が、続々とよせられた。

彼らがこうした感想を寄せてくれるようになったのは、実は任期の後半あたりからである。それまでは幾年かの試行錯誤があった。

授業環境のことから記そう。東京大学ほど講義のしやすい大学はない。講義を十分に準備しておきさえすれば、たとえ聴講者が三、四〇〇人いても、皆熱心に聞いてくれ、私語や途中退席はほとんどない。教師の側からすれば、「授業の工夫など思い付かなくても結構」というほどの恵まれぶりである。そのことに気付いた私は、先ずはひたすら講義の準備をすることに力を注いだ。それまで立教で「近代教育史（日本）」という講義を重ねてきた経験もあったし、東大教育学部図書室に蓄積されてきた豊富な史資料にも援けられて、準備は順調に進み、講義は滑らかに進んで行くようになった。

ところが、「独り舞台」の教壇上から、静かな学生たちに向かって、手慣れた内容を語って行くうちに、私自身の内面に疑問が湧いてきた。自分はやりがいのある授業をしているか。「授業の工夫など思い付かなくても結構」という恵まれた状況に甘えて、ありきたりの教授内容を多くの資料にもたれかかりながら感動もなくしゃべっているのではないか。

このあたりから、私はいくつかの新しい工夫を加えるようにした。

第一に「資料を挿絵とは考えない。精選した上で、中心史料と見なす」ということであり、第二に「その時限の講義について、はっきりとテーマを定め、そのテーマを黒板に公示しておく」ということである。

具体的に書くと次のようになる。

（一）毎時間用意する資料は、一本に限る（やむを得ない場合は最大三本まで）。

（二）講義の前半は序論から始めるが、本論は、次第にその資料が語る内容に向かって集中するように組み立てる。

（三）学生たちに資料を示すところにまで来た時点で、資料の解読と説明、史的位置づけを詳述し、その資料がいかなるメッセージを発しているかを味読・熟考できるようにする。

（四）資料は、原則として出席者を指名して音読させる。

（五）最後の一〇～一五分程度は、資料の語る時期以降の教育全体の歴史的展望に戻り、今教えた内容が、今後のテーマとどのように連なるかを示唆して、終わる。

例えば、近世教育から近代のそれに移行する際に大きく取り上げたトピックの一つは「『試験』の開始とそれがもたらしたもの」であった。それに入る時限に、黒板には「点数序列と競争・選抜［1］─試験の始まりを見る」と書いておく。大テーマとその時限の特別テーマの公示である。そして用意する資料は、例えば長野県松本市の開智学校に保存されている、明治一八年の「試験広告」という告知文書の縮小コピーである。「明治維新後、試験は先ず小学校から入って来た」ということを知らせると同時に、どのように行なわれたか、なぜ試験が、イギリス人社会学者のR・ドーア氏の指摘するように「国民的行事」になり得たか、といった焦点的事項に進んで行くように構成することに努めた。

私は右のような方式を、「一時限一資料主義」「テーマ板書方式」などとひそかに自称していた。この方式を取るようになってから、講義の中にリズムが生まれ、またテーマが鮮明に浮かんできた感じがしてきた。

歴史関係の授業は、長い期間をかけて講義しなければカバーできない。加えて、授業には内容面における「情報性」（情報の豊饒さ）が求められる。勢いたくさんの史実を教えたくなるが、実はそれ以上に内容・教授の「構造性」すなわち構成と論理展開が構造を持ち、かつダイナミックであることが必要だと気付かされた。

このほか文化大革命期に中国からの留学生を迎えて行なった立教第一次時代の苦心、桜美林の共通科目講義で三〇〇人を受け持ったときに編み出した私語制圧の工夫（？）など、授業で鍛えられた思い出は多い。しかしそれらは現在多くの現役教員の方たちが体験されていることと同じだろうと思う。

附属学校校長として――教えてくれた不登校の生徒たち

東京大学勤務当時に大いに勉強させられた活動が二つあった。一つは教育学部附属中・高等学校（現在は中等教育学校。以下本文では「附属学校」または「東大附属」と記す）の校長職を兼任したことであり、もう一つは小学校社会科教科書の監修に当たったことである。校長職は三年間であったのに対して教科書の編集と監修は約三〇年に及んだ。どちらも教育学者としての私に貴重な勉強をもたらしてくれた。

先ず校長職の方を書いてみよう。

教授会で選出されたのは一九九七年二月のことである。教育学部教授の中で中高教員の免許状を持っている者の中から学部長が候補を選び、附属学校・学部の運営委員会の承認と教授会の了承を経るという手順で任命される。教授たちの中に教員免許状を持つ者は限られている。その中から国語の免許状を持っている私が委嘱されたのだった。

附属学校は東京都中野区南台の旧制東京高等学校の地にある中高一貫制で一学年一二〇人、生徒数総計七二〇人という小規模校である。文京区本郷の赤門の中にいると、中学生や高校生と接触することは滅多にない。だがここに来れば毎週彼らに会えると思うと、楽しみだった。

先生たちの総員は三五名で、何十年と増員を要求しても実現しないままに過ぎていた。校地は広く設備こそ立派だが、「PTAの資金援助や寄附金に頼らない」という建学以来の方針のためもあって、乏しい予算のもとで運営されていた。ただし先生方の研究意欲は旺盛だった。教科教育の面で全国的に活躍されている先生も数人おられた。

赴任中学ばされたことは多々あった。

第一に、運営に努力している学校なのに、これほど毎年文部省から「存在理由は何か」と問われる学校があるのか、と驚いた。毎年の概算要求請求のころ、あるいは多くの附属学校が集まって研究会を開くときなどあらゆるときに、文部省当局から「存在理由は何か」と問われる。難関大学に多くの卒業生を送り込む進学有名附属校が批判されるのなら分かる。しかし大学進学上の特権は全くないだけでなく、中学校に新入生を迎える方式についても、出来るかぎり六・三制の趣旨に合う努力を続けてきた学校である。入試は、先ず抽選を行ない、次に小学校の教科区分にとらわれない独自の方式で行なう、ということで有名だった。乏しい予算のもとでそのように努力しているこの学校が、なぜ存在理由を問われるのか。

その昔、この東大附属校は教育学部ができるより一年前に作られた（一九四八年）。占領下である。占領軍当局は日本の師範学校・高等師範学校の附属学校に対して極めて批判的であった。少数の特権的な市民に対してだけ開かれ、教育の実験や新しいカリキュラム開発などを何もやっていないではないかというのであった。他方、旧帝国大学としての東京大学は、その中で教育学部を開こうとしていた。しかも眼の前にある五年制の尋常科と三年制の高等科を持つ東京高等学校（旧制）は東京大学に吸収されることになっており、その尋常科の生徒たちは新制のもとでどうなるか分からない。では尋常科の生徒たちのうち上級生を卒業させ、それより下級生は新制中学校・高等学校の生徒として在学させ、学校そのものは新設の東大教育学部に不可欠の附属学校としよう。この構想を立て、占領軍の了解を得つつ進んで行ったのが、当時の助教授海後宗臣先生だった。この間の経過は、先生の自伝と後年の講演に詳しい（海後『教育学五十年』一九七一年、評論社、および「東大附属創立の意味（講演記録）」『海後宗臣教育改革論集』、二〇一八年、東京書籍刊、所収）。

その際、占領軍に対しても日本の文部省に対しても東大が宣明したのは、①従来の附属学校と違って学力テストによる入学制度を取らず、抽選によって決める、②新しい研究として双生児の発達研究を始める、③「遅進児」を特別に迎え、独特の教育方法を工夫して指導し、三年経った時点で「普通児」の学力と比較して成果を確かめる、というものであった。この方針のもとに旧制東京高校の尋常科は新制中・高等学校となることとなり、来たるべき東大教育学部の出発に備えて附属学校予定校となった。翌一九四九年に新制国立大学が発足すると、名古屋大学の教育学部附属学校とともに、東西各一校の旧帝国大学教育学部の附属学校が生まれた。文部省がいう存在証明は、すでに十分に行なってきたはずであった。

他方、法令によれば、国立大学附属学校の使命は、教育に関する実践的研究と学生の教育実習ということになっていた（国立学校設置法、一九四九年）。東大附属はその二つをしっかりと果たしていた。なのに、なお存在理由を問われる背後には、国費削減を目指す政府の財政政策と、何らかの政治的理由とがあるとしか考えられなかった。圧力を押し戻すには、特色ある実践を強め充実して行くほかはない。

幸い、東大附属は一九六〇年代の半ばから教育課程を「二―二―二制」という原理で構成していた。正課学習を二年ごと三段の六年で構成し、その脇に教科外活動を同じく三段に積み重ねるという構成である。しかも正課外活動の最後の二年間は、生徒たち全員が「卒業研究」という活動に取り組み、高三の夏休み後には「卒業論文」を提出して卒業して行く。その前の正課外活動も、修学旅行に代えて「研究旅行」を行なうなど、他の大学の附属学校にはないプログラムになっていた。右の諸活動は後の「綜合的な学習」の先駆であり、さらに六年制の中等教育学校制度の先駆にさえ当たるものであった。

私は、こうしたカリキュラム上の試みが推し進められるように努めた。他方、研究上では教育学部や東大全体と協同の研究を強化することに努めた。そして東京大学そのものが知識生産と蓄積の本場であることを強調し、その協力を遠慮なく仰ぐように先生たちに勧めた。「せっかく目の前にある東大という宝です。大いに使いましょう」というのが私の口癖だった。そのころから、総長が年に一回附属校へ来て特別授業をしてくれる慣例が定着した。

第二に、私に最大の教訓を与えてくれたのは、不登校の生徒たちだった。

勤め始めた一九八七年から一九九〇年までは、日本の小中高校の不登校生徒の数が急激に増えて行った時代である。記憶で言えば、全国統計で「長期欠席生徒数」の総数が八万人から一二～一三万人になった時期だった。四〇人学級を堅持している附属のような環境のいい学校でも、気が付くと学年に一、二人ずつの長期欠席の生徒が生まれていた。

そのうちのごく一部であるが、校長室の常連になる子が出てきた。保健室の隣が校長室である。保健室を出るとその横に校長室のドアがある。私は週に二日、朝から出勤していたが、ある女子高校生など必ずそのドアを開けて入ってくるようになった。何をするでもない。ただいろいろなおしゃべりをして出て行く。自分の教室は廊下を行けば一〇〇メートルも離れていないが、決してそこへは行かない。二〇〇〇年代に入ってから新聞などに「保健室登校」ということが物珍しげに報道されていたが、それはずっと前から起きていた。学年の先生たちは協働して指導に当たる体制を組んでおられたが、そのほかに生徒たちを「受容」する存在もあったほうがよく、私などもその一人だった。

ほかにもいろいろな形で接触を持った不登校児がいたが、彼らは、私にさまざまなことを教えてくれた。

先ず、保健室登校のことからも分かるように、彼らは学校に行きたくないのではない。ただ自分の教室には入る気持ちにならないのである。しかし保健室まで来るということは、もう一歩で教室に入る可能性もあるということである。そこを待つ忍耐力が求められる。

第二に、不登校の生徒たちは決して「挫折者」ではない、という点である。それどころか、特別な才能のひらめきを持っている子がいた。一人は群を抜いて上手な作文を書いたし、他の一人はたぐいまれな人間観察力と感性に恵まれていた。

彼らと接触しているうちに、私は、彼らは登校に「抵抗」しているのではなく、学校というシステムそのものから距離を置きたがっているのではないかと思うようになった。行動を突き詰めれば、「私たちはなぜ学校に行かなければならないのですか」という問いに行きつく。

一九八九年暮れに頼まれて、全国小学校校長会機関誌の巻頭言として、私は次のような文章を寄せた。

最も賢き頃

十五歳は最も賢き頃なれば登校拒否にも理由あるべし

この春の「朝日歌壇」の一首である。投稿者は中学校の先生だろうか、それとも拒否児の親なのだろうか。

心を打たれたのは、登校拒否を「賢さ」と関わらせてとらえていることだ。不登校の子がいわゆる「遅進児」ではないことは、中学・高校では常識になっている。高い知能と鋭敏な感受性を持つ児が、ふっつりと学校に来なくなる。しかも最近の調査では、登校拒否の開始期は、中一、中二に続いて小学校五年が第三位、第四位が四年だという。

登校拒否が病気なのかどうかについては論争がある。だが、現代の学校と社会が「登校できない子」を生んでいることだけは事実である。彼らはその「賢さ」で何を訴えているのだろうか。私たちはそれを読み取るよう迫られている。

（「今月の言葉」、全国小学校校長会会報『小学校時報』四五八号、一九八九年一〇月）

当時はまだ「登校拒否」と「不登校」というタームが混用されていた。私も両方を混在させて書いている。当時、事態をどう見るかについても解釈が揺れていた。一九八八年か八九年だったと思うが、文部大臣の私的諮問会議が「登校拒否を起こす児童は、独特の『性格傾向』を持つ者であるから、拒否状態を治す前に、性格傾向を変えるように指導すべきである」と結論して、数個の「性格傾向」を列挙し話題となったことがある。しかし学校現場の声や研究者による調査で、この性格傾向説は誤りであるということになった。拒否が発生しているのは、親たちを含む大人社会が競争や序列づけに明け暮れていることの反映だという説が有力になった。他方、臨床心理学の側からも、優秀な子が不登校になるのは親たちの「働く姿」すなわち「生きる姿」を直接に見たり接したりすることができなくなっているからではないか、という説が出るようになった（河合隼雄氏）。発達さなかの子どもたちにとって、大人たちの生きざまを視野から奪われているのが問題ではないかということである。

一九八〇年代末ごろ、ちょうど経済は「バブル」崩壊の直前に当っていたが、大都会ではまだ「地上げ」が真っ盛りであり、大人たちは生活に追われ、進学競争は苛烈を極めていた。不登校の原因を心理学だけでなく社会のあり方に求める説は、大きな説得力を持っていた。

私から言えば、こうした勉強は、赤門の中にいてはとてもできなかった。不登校の話題は学校教育学科か教育心理学科の研究対象だ、と考えて済ませていたかも知れない。週二日とはいえ毎週附属校にいたおかげで、校長室のドアをたたく若い「訪問客」たちの声やしぐさを通じて、稀有な勉強の機会が与えられたのだった。

高一から高三までを五年かけて卒業した「保健室・校長室常連」の女子生徒は、私が一九九〇年に教育学部に帰ったころに学校に復帰し、その後希望の大学に進学し、無事就職を果たした。

その経過は訪問や便りで逐一知ることができた。在任当時中学校・高校担当副校長として、慣れない校務に携わる私を助けて下さったのは、中村光生（国語科）、永井好弘（数学）の両先生であった。そのほか多数の先生方と胸襟を開いてお付き合いできた。これらすべてが代えがたい思い出である。

「昭和」の終わりの日

校長在任中の三年間には、以上のほか校地の一部を自動車道路に譲れという中野区の要請に対して地域環境論を軸に対抗したこと、昭和天皇逝去時に校長としてどう対応するかに腐心したことなど、さまざまな「事件」に出会った。すべてを書けば限りのないことになる。

ここでは一九八九年（平成元）年一月の（昭和）天皇逝去当時のことにだけ触れておこう。土曜に当たる一月七日が天皇逝去、翌々日の九日（月曜）が新年の開業の日であった。附属は二学期制だったから始業式はなかったが、全校集会が行なわれる日であった。

その朝七時ごろ、大学事務局の部長から自宅に電話があった。「文部省から附属学校へ取り次ぐようにという通知が来ましたので、電話を通じてですがお伝えいたします」というのである。「一、本日、全校生徒を集めた集会を開いていただきたい、二、校長による訓示等の中で天皇の崩御に関して必ず触れ、弔意を示していただきたい、三、天皇の崩御を悼んで黙とうをささげていただきたい」。大学本部から通知があったこと、その内容、すべてかつてないものであった。

私は「趣旨はわかりました。全校集会はやることになっています。校長が話す機会もあります。その中で天皇のご逝去のことに触れるつもりです。黙とうは状況に応じて考えてみます」と答えておいた。その部長は百年史刊行などを通じて冗談も言い合う旧知の間柄であったが、あらたまったやりとりで済ませた。

体育館に集まった生徒たちは、いつもに似ずたいへん静かだった。中一から高三までの七〇〇人が相当に緊張していた。「校長講話」はトップの行事だった。私は次のことを話した。全文を掲げておこう。

昭和天皇逝去二日後の全校集会における講話

皆さん、明けましておめでとう。

今日は始業集会ですが、本校の始業の日は、学期の後半の授業が始まる日に過ぎません。今日も遅刻している人が少しいるようですが、気持ちを引き締めて、これからの三か月間を過ごしましょう。

さて、皆さんもよく知っているように、一昨日、天皇が亡くなられました。今日は、このことについてお話ししておきたいと思います。

※

私の感想を言う前に、これまでの日本人にとって、天皇が亡くなられるということはどんな意味があっただろうかを、振り返ってみたいと思います。

明治の人は、どうだっただろうか。私は、ちょうど皆さんぐらいの年齢のときに読んだ、夏目漱石の『こころ』という小説を思い出しました。あの中に、明治天皇が亡くなられたときの人々の気持ちが描かれていたことを憶えていたのです。

小説の中に、「先生」と呼ばれる人――当時の知識人の一人なのですが――が大学生にあてた手紙があります。その中に次のような一節があります。

「夏の暑い盛りに明治天皇が崩御になりました、其時私は明治の精神が天皇に始まって天皇に終ったやうな気がしました」。

そのうえで先生は、明治の精神の影響を強く受けた自分たちが天皇のなくなられた後に生き残っているのは時代遅れではないだろうか、と口に出して言ったというのです。すると先生の奥さんは笑って取り合わなかったのですが、ふと「では殉死でもしたら」とからかった、というのです。それを聞いて先生はこう書いています。

「私は『殉死』といふ言葉を殆《ほと》んど忘れてゐました。平生使ふ必要のない字だから、記憶の底に沈んだ儘、腐れかけてゐたものと見えます。妻の笑談《じょうだん》を聞いて始めてそれを思ひ出した時、私は妻に向ってもし自分が殉死するならば、明治の精神に殉死する積《つもり》だと答へました」

分かりますか？　八〇年ほど前の日本人にとって、天皇が亡くなられるということは、

「ある時代の精神がなくなる」というほどの大きな出来事でした。同時にそれに出会うのは、亡くなった主君の後を追って自分自身の存在さえなくしてよいほどのショックなのでした。実際、この手紙を書いた先生は、まもなく自殺をします。それは天皇への殉死ではありませんでしたが、明治の精神が死んだという、深い、うつろな気持ちと絡み合っていることだ、という筋立てになっています。

今はどうでしょうか？　八〇年前と今とが同じであるはずがありません。天皇がいま亡くなられても、或る時代の精神が失われた、などと思う必要はない時代になっています。私もこの先生のようには感じません。

自分のことを言えば、亡くなられた天皇のことを考える時、まず敗戦の前、つまり今五十六歳になった私がまだ小学生から中学一年生だったころまでの天皇について思い出します。そのころ、私は、いや、たぶん子どもたちはみんな、大きくなったら必ず死ぬ、と思っていました。どこで死ぬか？　戦場です。立派な兵隊さんになって、そして死ぬ、と思っていました。

中一の皆さん。皆さんは、あと四、五年たったら自分は死ぬだろうと思っていますか？　思ってはいないでしょう。でも、私は、体の弱い少年でしたが先生の言うことはよく聞く子だったので、教えられたとおりに、戦場で死ぬ、死ななければならない、と思っていました。その時何と言って死ぬか？　「天皇陛下ばんざい」と言って死ななければならない、と思い込んでいました。

※

天皇についての次の記憶は、昭和二一年、敗戦の年の秋から次の年のお正月にかけてのことです。

二〇年九月の新聞に、占領軍の司令官だったマッカーサーを天皇が訪問された写真が大きく載りました。背の高いマッカーサーと並んで小さな天皇が写っておられる。私は、悔しい、と思う気持ちと、日本人って背が低いんだなあと思う気持ちとがいりまじって、要するにたいへん複雑な気持ちに襲われたのを憶えています。

でも、翌年、昭和二一年の元旦に、天皇は全く新しい宣言を発表されました。「人間宣言」といわれるものです。それには「天皇の地位は、伝統や神話にもとづくものではない。天皇と国民とのつながりも、相互の敬愛にもとづくものだ」と書かれてありました。それまで、天皇は生きた神様だと教えられていた私にとって、それは大きなショックでした。あの方は、これまでと違うものになったのだ、と思い知らされました。

その翌年、憲法が公布されました。私たちは中三になっていましたが、ほとんど一年間を使って、社会科の時間に憲法の勉強をしました。その時、私たちは、新しい天皇の地位が「象徴」と呼ばれるものであることを学びました。そして、皆さんも知っているように、天皇の地位は、「主権者たる国民の総意に基づく」のだ、ということを知りました。かつて

「その方のために死のう」と思っていたその方の存在を支えるのは、今や自分たちの意思なのだ、ということを学んだのです。

その後あの方は、もはや小さいころに教えられたようなものではなく、平和と日本の繁栄を象徴する存在、ということになりました。

※

皆さん。これまで私の思い出だけを話してきましたが、今日の日に当たって、とくに二つのことを言っておきたいと思います。

一つは、一昨日まで続いた「昭和」という時代から私たちが受け継ぐ遺産は何かということです。私は、それは日本国憲法だと思います。私たちの憲法こそ、昭和の日本人が残した最大の遺産です。

なぜか。

それは、あの憲法が、近代の人類が認めてきた平和という価値を立派に受け継いでいるからです。

憲法の中では戦争の放棄をうたった第九条が有名ですが、私が一番好きなのは、あの「前文」と言われる文章です。特にこういうところが好きです。

「日本国民は……平和を愛する諸国民の公正と信義に信頼して、われらの安全と生存を保持しようと決意した。われらは、平和を維持し、専制と隷従、圧迫と偏狭を地上から永遠に除去しようと努めてゐる国際社会において、名誉ある地位を占めたいと思ふ。われらは、全世界の国民が、ひとしく恐怖と欠乏から免かれ、平和のうちに生存する権利を有することを確認する」

初めは変な文章だなあ、と思ったのですが、くり返し読むうちに、なかなかいい、と思うようになりました。

とくに当時の私にとって驚きだったのは、このなかに使われている「国民」という言葉です。

この文章を読むと、「世界の諸国民」と書いてある。「全世界の諸国民」とも書いてある。それまで、私たちは、国民というのは、日本の国民のことで、天皇陛下を中心とする日本の国民だけが「国民」なのだ、と思っていました。でも、この文章は違う。そうだ、世界の人々も、それぞれの国の国民なのだ、みんな同じように呼んでいいのだ。そう気付かされたのです。

そうです。日本国憲法が素晴らしいのは、平和を築くという決意を、日本の課題としてうたっているだけでなく、世界に向かって宣言し、世界中の人々、人類全体に呼びかけていることです。

こういう憲法を持っている国は世界にありません。こういう憲法を創ったことは、昭和の日本人の大きな遺産です。

二つ目に言いたいことは、皆さんが生まれた昭和という時代のことを、社会科の時間をはじめ、いろいろな機会に、うんと勉強してほしい、ということです。つまり、日本の現代史の勉強をしてください。

皆さんは、今は若いけれども、五十年六十年経てば。おじいさん、おばあさんになります。「昭和生まれの年寄り」と言われるかもしれません。明治時代には「天保の老人」とか「慶應生まれのおばあさん」といった言葉があったんですよ。

皆さんが「昭和生まれの年寄り」になったとき、「私の生まれた昭和という時代にはこんな事があったんだよ」と自信をもって話してあげられるようになっておいてください。

そのためには、いろいろな機会に、現代史の勉強をしておくことが、何よリ大切です。

これからますます寒くなります。少し長いお話しになりましたが、是非聞いてもらいたいと思いました。

みんな、風邪をひかないように頑張ってください。

終り

(東京大学教育学部附属中・高等学校生徒会広報部『栄園』第25号、平成元年(一九八九)一〇月一二日発行)

原稿を書いたわけではなく、テープに取ってもいなかった。メモをもとに話したあとで、思い起こしながら文章化し、列席していた全校の先生のうち数人に頼んで修訂してもらったものである。この日、先に記した部長電話と同様の文部省通知が全国公立学校に流され、父母や組合との間に紛糾が生まれた学校もあったと新聞・テレビは伝えた。だが附属校では、始業式の当日の右の講話にも、後日全生徒に配布した右の掲載誌に対しても、何の意見も批判も来なかった。

小学校教科書をつくる

最後になったが、筆者は小学校の社会科教科書をつくるという仕事も経験した。それは全く未知の体験であった。

依頼されたのは海後宗臣先生である。第一候補は教授学専攻の研究者であったらしい。だがその人が固辞したため私に順番が回って来た。私は教育史を通じて歴史学を学んできたという点では社会科に関係がないとは言えないが、編集委員会にとっても発行会社（東京書籍株式会社）にとっても、冒険的な人選だったことだろう。私も大いにためらったが、「では当分」というような気持ちで一九七五年の秋ごろから参加した。だが実際に始めて見ると、第一次の立教時代約五年間、東大時代約一四年間、第二次の立教時代約五年間、そして桜美林時代の半ばまでの合計およそ三〇年間にわたって、小学校用教科書『あたらしい社会』の編集は、私の重大な責務になってしまった。

この教科書は戦後一九四七年に「社会科」が設けられて一番早く発行された新教科書の一つで、海後教授の社会科理論と内容構成案に立ち、圧倒的な採択率を持つ全国版の社会科教科書であった。ただ一九七〇年代に入ると次第に採択率が落ちてきたので、編集体制の刷新を図るために幾人かの新委員が呼ばれたという話であった。

初めのころ海後先生は編集顧問として残っておられた。私と同時期に委嘱されたのは成田克矢氏と益田宗氏であった。益田氏は先に述べた東大百年史編集委員会でともに働くことになるが、当時は東京大学史料編纂所に勤務する日本古代文化史専攻の助教授であり、成田氏は、国立教育研究所の研究部長から当時東京大学教育行政学科に移られたばかりであった。私の七年先輩で、イギリス教育政策史研究者であったから、海後先生の後を継いで監修者になるのはこの方だと関係者一同思っていた。実際、一九八〇年度に出た「昭和五五年度本」と称する版は、氏と、これも新委員の一人だった経済学者の宇沢弘文氏（当時東京大学経済学部長、のち文化勲章受章）との監修のもとに出された。私は蔭で成田氏の補佐を勤めていればいい、と気楽に思っていた。

ところが成田氏は、一年弱療養されたあと、一九八〇年に五五歳という若さで世を去られた。そのとき次の版の編纂は進行中であった。急きょ私が成田氏の代行ということになり、さらに次の一九八六年度版に向けては宇沢氏とともに新教科書の監修に当たらなければならなくなった。四〇歳台の末から五〇歳台に入ったばかりのころで、監修者としてはいかにも若すぎたが、海後先生は完全に退いておられる。「やむを得ない」と覚悟して、宇沢氏とともにその後監修者を続けた。

編集委員を含めて三〇年間に何をしたかを記せばきりがない。要点だけ記そう。

第一に、大学で研究・教育に当たりながら教科書の編集に参加したり監修を行なったりするのは、非常に労力の要ることである。小学校の社会科は例えば各地を訪ねて地域教材を開発しなければならない。その調査、取材、時には撮影への付き添い、絶え間ない会議、そして執筆等が次々と重なってくる。

編集や監修の仕事を人任せにせず会議にも必ず出席する、というのは海後監修者以来の伝統であった。「お飾り」というような参与は決してしないという姿勢は、先生と長い間お付き合いをしてきた私にもよく分かった。この伝統は忠実に守った。「山の中の暮らし」というテーマで四国山系の中にある小村を取り上げたときや、漁業を扱う単元で北海道の釧路の漁港を早暁に訪ねてスケトウダラの水揚げを見学したときなど、それぞれ大変な日程だったが、大学の日程をやりくりして同行し、現地の人たちから驚かれた。「まさか監修者が来られるとは思わなかった」というのである。私だけではない。仲間の大学教員、小学校の先生方や校長等の編集委員も、同様の心がけで行動された。

第二に、最も強く気付かされたのは、「教科書は誰のためにあるのか」という初歩的な問題であった。「教科書の第一の読者は誰か」と言い換えてもよい。

答えは、もちろん、子どもたちである。行政的に言えば小学校の児童たちである。ところがこの自明の事実は、しばしば忘れられる。

教科書会社のスタッフは、教科書の読者は文部省の教科書担当調査官や教科書審議会委員、そして教育委員会・教育長だと思っていた。いうまでもなく、「検定」と採択単位ごとの「審査」とがあるためである。また展示会のときの「普通の先生方」の眼も気にしていた。これももちろん「採択」に関わるからである。他方、監修者や編集委員は、先ずは授業者であり使用者である「現場の先生」を気にし、さらに広くは諸専門学界も気になる。特に社会科の場合、歴史学、地理学、環境関連学、社会学、政治・経済学等の分野が必須の参照分野だと思われた。

右のような選択軸の立て方はかならずしも非難されるべきことではない。教壇に立つ教師も校長も、教育委員会も検定責任当局も、もちろん専門学界も、それぞれ気にして当然の対象である。しかし他面、こういう選択軸の立て方の底には、教科書が「採択」という事柄を経て換金されるという事実がある。すなわち検定制度や自由発行制度を取る限り、教科書は商品性を持っている。私企業である発行会社の関心がそこに集中することも、倫理的に誤りのない方法を通じて実践される限り、非難されるべきことではない。

しかしこうした選択軸のもとで一つだけ消えるものがある。それは子どもである。どの参照対象にも子どもが浮かばない。このことに気付いたのは、編集に参加して数年後、監修者になって間もないころであった。

子どもたちはこのページをどう読むか。ここから何を摑むか。それは授業をどのように変え、子どもたちの学びの意識や学習活動をどのように支えるか、またはげますか。こうした配慮が、編集に関する議論の中にも会社の関係者の話にもほとんど出て来なくなる。それはおかしいことではないか。そもそも教科書を手にとって眺める第一の読者は子どもたちではないのか。こう考えて、「教科書は子どもの眼で見よう」ということを、編集委員会でも、さまざまな会合でも強調した。

例えば写真や挿絵になるべく多くの子どもたちを登場させ、その子たちがどのように学習しているかという姿を際立たせるよう求めた。できる限り多くの写真や絵は、子どもたちの目線の高さで撮影したり描いたりするようにした。また教科書本文の脇には「どうしてそうなるのだろう」とか「こういうことを調べてみよう」などという子どもたちのつぶやきや発想の言葉を載せ、自主的な学習をうながすヒントを散りばめた。

これらは実行したことの一部にすぎないが、全学年で実行することによって、教科書の姿が大きく変わってきた。採択率も大幅に上がってきた。教科書の採択という局面は、しばしば汚職や贈収賄などと連ねて話の種になる。だが右の経過のおかげで内容の必死の改善は確かに採択主体の側に届く、という事実も感動をもって学んだことの一つである。

環境問題に関する宇沢教授の蘊蓄、歴史部分に関する益田教授の貢献も高学年用教科書に大きな特色を与えてくれた。漫画文化を尊重する谷川彰英教授（社会科教育、筑波大学名誉教授）の提言から藤子・F・不二雄プロの協力を得て「ドラえもん」のイラストを加えてみたことも、教科書を子どもたちに近づける大きな試みだった。

一九九二年度から「生活科」が始まり、小学校一、二年生用の教科書の編纂を水野丈夫氏（生物学、東大名誉教授）と一緒に始めた時も、社会科で気付いたこの精神を生かして、子どもの姿と学習方法が浮かぶ教科書をつくるように努力した。おかげで七種の教科書が発行された中で、私たちの教科書は立ちまさった採択率を得ることができた。

さらに、他の教科と違って生活科の教科書は子どもたちに本気で読まれていることが分かった。授業が始まる前も始まってからも、皆で活動をするときに子どもたちは熱心に教科書を手にしているというのである。教科書は知識の集蔵庫ではなく、子どもたちが活動するときに参照する第一のヒント集になったことを、思いがけず立証してもらった思いだった。

第三に、作業をこうして進めていくうちに、私は社会科学系の学問の現状と課題を展望してみたくなった。一九八二年に明治図書出版の専門誌『教育科学　社会科教育』編集部から、ある特定のテーマについて執筆してほしいと依頼されたのだが、「そのテーマに関心がないわけではないけれども、できれば社会科教育と社会科学の関係についてしばらく連載をさせてもらえないだろうか」と頼んで、「社会科教育の周辺から」という連載を載せてもらった。一つのテーマを二～三回に分けて論じたものである。目次を書いておこう。

社会科教育の周辺から

五　環境と自然と教育
連載の終わりに

（『教育科学　社会科教育』一九八三年四月〜八四年三月に連載）

厚かましく連載を持ちこんでまでこういう大風呂敷を広げて見たかったのは、教科書編集の経験からである。特に現場の編集委員の口から、「社会科の内容は社会科学に基づかなければならない」という言い方がいかにも安易に出てくることを、かねて不審に思っていた。「その社会科学とはいったい何ですか。今、既存の社会科学の中では、学問のあり方についてさまざまな批判や反省が起きているんですよ」と言ってみたいという思いを、長い間持っていた。総論に当たる社会科・社会科学関係論から初めて、戦争と平和、地域、歴史、環境、自然という順序で社会科学者たちの本音を集めて小中学校の先生方に紹介する、という思いで論じ続けてみた。

現場の先生方からの反響は多くなかったが、国立大学附属高等学校の先生たちや大学の教職課程で社会科教育論を担当しておられる教授たちからは「勉強になる」という励ましをもらって、私の著作の中では思い出の深い文章になった。

ところで学習指導要領改訂→教科書編集→検定→採択というサイクルの中で行なっていく教科書編集のなかでは、マスコミ取材の機会を受けることが少なくない。否応なく引っ張り出されたこともあったが、教科書は外からの影響のもとにではなく学校現場と編集委員会の討論の中で落ち着いて作りたかったので、なるべく応じないことにしていた。

たまに応じた時にも、記者たちの質問が「学習指導要領上取り上げることとなっている日本史上の人物とあなた方の教科書とのずれはなぜ起きたか」「日の丸・君が代をどう取り上げたか」といった政治的問題に限られていることに失望するのが常であった。「教科書を本当の教科書にするためにどのような努力を払ったか」といったトピックは、いくら説明しても記事にはしてくれなかった。「メディアが関心を持つのは、教科書に現われる『政治』であって、学習や教育ではない」と理解するほかなかった。

おわりに――謝意をこめて

科学史の専門家から「学問上のある分野が確立したということは、学者がその分野で食べていけるようになったということです」という話を聞いたことがある。「確立」の反対語を「未分化」だとすれば、大学研究という分野は教育学という分野からの未分化状態を脱し、次第に成長して確立してきた新分野のひとつということになるかも知れない。

「大学というもののことをとにかく知りたい」と思ったころから、研究環境の変化と生活の動揺に揉まれながら、六〇年間を経て何とか「食べる術《すべ》」を得るまでの記録を書いてきた。

ふりかえって見ると二つのことに気付く。

一つは、いうまでもなく、この歳月の間に、大学研究・大学史研究の環境と条件が激変したという事実である。

多くの若い世代の研究者たちが私の経てきたような「いつ食べられなくなるかも知れない」という体験を、あれほどの深刻さで繰り返さないで済むようになったことを素直に喜びたい。もちろんそういう恵まれ方の裏には、勤務するセンターや機構などに広がる任期制の制約や、研究機会の継続を脅かす業績主義が強まっている。だがその問題は、大学研究や大学史研究には限らない。あらゆる分野の学術研究を広く覆う問題であって、学術界が協同して解決して行くべき課題であると思う。

二つは、既成研究分野からの離脱や分化・確立は、教育学からのそれに限らない。あらゆる研究分野からの離脱や分化も可能になったことである。いや、可能になっただけではない。むしろ、それが大学研究や大学史研究の深化にとって欠かすことのできない条件の一つになった。

大学で行なわれる教授活動は大げさに言えば万学にわたるし、研究の分野もまた同様である。大学研究や大学史研究を「領域」として見れば、純粋な専門家による確立が望まれるけれども、「問題」として見れば、研究方法としての綜合性こそが不可欠である。さまざまな領域で専門学のディシプリンを受けた人たちが協同しなければ、「問題としての大学」にアプローチすることはできない。

六〇年の間に恵まれたのは、教育学以外の多くの分野の研究者と知己になれたということであった。残念ながら同世代の同領域研究者との国際的な交流は多くなかったが、国内に限ると、大学史セミナーで、立教大学文学部で、日本学術会議で、さらに立教大学全学共通カリキュラム運営センターで、そして諸学会、大学で、さまざまな領域の研究者の方たちから刺激を受け、親交を結ぶことができた。それによって研究者としての自立と視野の拡大にどれほど大きな効果を受けたか、測りがたい。ここでもやはり無限の感謝を捧げるほかはない。

本文関連年譜

＊本文を理解していただくため、著者の年譜と教育・大学関連事項を略記したものです。

一九三二年　福岡県久留米市で生まれる
一九三七年　日中戦争はじまる
一九三九年　市立日吉尋常小学校に入学
一九四一年　小学校、国民学校となる
　　　　　　太平洋戦争はじまる
一九四五年　県立中学明善校（旧制中学校）に入学
　　　　　　敗戦
一九四六年　教育刷新委員会、六・三制学校体系採用を決定
一九四七年　教育基本法・学校教育法成立　日本国憲法施行
一九四八年　福岡県立明善高等学校（新制）に進学
一九四九年　明善高等学校、男女共学となる
　　　　　　東京大学、教育学部を創設
一九五一年　東京大学文科Ⅲ類入学

一九五三年　東大教育学部教育学科に進学
一九五四年　実家倒産に瀕し、大学を休学　呉服小売業に従事
一九五六年　大学に復学
一九五七年　大学院に進学
一九五八年　修士論文「旧制高校における人間形成」
教育委員公選制廃止・任命制開始　教職員の勤務評定問題（〜五八年）
一九五九年　博士課程に進学　日本教育学会に入会
東大＝スタンフォード大の戦後教育改革研究始まる
一九六〇年　日米安保反対闘争、絶頂期を迎える
櫛田淑子と結婚
一九六一年　中央教育審議会答申により大学管理法問題起きる（〜一九六三年）
日本教育学会大学制度研究委員会発足、幹事の一人となる
一九六二年　戦後教育改革研究会のプロジェクト終了　会長の海後教授、東京大学を停年退官
高度経済成長始まる
一九七三年までに四年制大学一七一校、学生数約百万四〇〇〇名が純増
一九六五年　財団法人野間教育研究所所員となる
一九六六年　博士学位請求論文「近代日本における大学自治制度の成立過程」を東大大学院に

提出

（一九六七年　教育学博士号を取得　博教育第五号）

一九六八年　東大・日大を始め大学紛争頻発

「大学史研究セミナー」発足（一九七八年、第一三回まで）

一九六九年　『大学教育』（海後宗臣と共著、叢書・戦後日本の教育改革9　東京大学出版会）刊行

九月、紛争校は全国七七大学と文部省発表

一九七〇年　『戦後の大学論』（評論社）刊行

一九七一年　『教員養成』（海後編、前掲叢書8　東京大学出版会）刊行

一九七二年　広島大学大学教育研究センター開設（現・高等教育研究開発センター）

共同研究『学校観の史的研究』（佐藤秀夫・宮澤康人氏らと共著、野間教育研究所・紀要第27集）刊行

広島大学大学教育研究センターに日本学術振興会流動研究員として半年滞在

一九七三年　筑波大学問題起きる

立教学院より百年史編纂への参加を依頼される（年史編纂参加の初め）

一九七四年　野間研を辞し立教大学文学部教育学科に助教授として着任〈七五年に教授〉『立教学院百年史』刊行

一九七五年　『教育改革』（海後編、前掲叢書1　東京大学出版会）刊行
　　　　　　東京大学から百年史編集委員を委嘱される
　　　　　　このころから小学校用教科書『新しい社会』（東京書籍）の編集に参加（七八年以降、宇沢弘文、佐々木毅、益田宗氏らと監修者を勤める）
一九七九年　学位論文を増訂し『日本における大学自治制度の成立』として刊行（評論社）
　　　　　　東京大学教育学部教育学科教育哲学教育史コースに助教授として転任（一九八〇年教授）
一九八二年　『教育科学　社会科教育』誌に「社会科教育論の周縁から」を一二回連載（明治図書出版）
一九八三年　『東京大学百年史』編集委員会委員長に就任
一九八五年　「文検」（文部省師範学校中学校高等女学校教員検定試験）研究に着目を始める
一九八六年　総理大臣諮問機関の臨時教育審議会、答申（第二次）で高等教育改革に関し大学カウンシルの設置、大学設置基準の見直し等を答申
　　　　　　『東京大学百年史』全一〇巻（通史三巻、資料三巻、部局四巻）完結
一九八七年　東京大学史史料室発足、史料保存委員会委員長となる（〜一九八八年）
　　　　　　大学院生たちとの共同研究『総力戦体制と教育』刊行
　　　　　　教育学部附属中学校・高等学校校長に就任

一九九〇年　教育学部長に就任　『東洋大学百年史』編纂に参加
一九九一年　共同研究『御雇教師ハウスクネヒトの研究』（榑松かほる・竹中暉雄と共著、東京大学出版会）刊行
文部省、大学設置基準を大綱化（一般教育課程の縮小始まり、自己点検評価が努力義務となる）
一九九二年　東京大学を辞し、立教大学文学部に帰任し学校社会教育講座教職課程の教授を務める
『立教学院百二十五年史』の編集に参加
『プロムナード東京大学史』（東京大学出版会）刊行
『国定教科書における海外認識の研究』（駒込武・奈須恵子らと共著、中央教育研究所）刊行
一九九五年　『東洋大学百年史』全六編八巻完結
立教大学全学共通カリキュラム（全カリ）運営センター部長に就任
教育史学会代表理事（～一九九八年）
一九九六年　『戦後教科書における海外認識の研究』（中央教育研究所）刊行
一九九七年　共同研究『「文検」の研究―文部省教員検定試験と戦前教育学』（榑松かほる・菅原亮芳らと共著、学文社）刊行

立教大学全カリ総合科目「大学論を読む」で自校教育を試みる
大学教員の任期制問題起こる　反対論説を多数発表したが法制化される
日本学術会議会員（～二〇〇三年　二〇〇〇～二〇〇三年は第一部幹事を勤める）
大東文化学園理事（～二〇〇三年）
一九九八年　立教大学定年により桜美林大学大学院教授（九八年より大学教育研究所長兼任）
『大学の自己変革とオートノミー』（東信堂）刊行
日本教育学会会長（～二〇〇四年）
二〇〇〇年　二〇〇四年まで、山梨大学・秋田大学で国立大学法人運営諮問会議委員を務める
二〇〇二年　財団法人中央教育研究所理事長（～二〇一四年）
二〇〇三年　国立大学、法人となる
桜美林大学定年により立教学院本部調査役（教育改革担当）に就任（～二〇一五年）
財団法人野間教育研究所理事（～今日に至る）
共同研究『「文検」試験問題の研究―戦前中等教員に期待された専門・教職教養と学習』刊行（菅原亮芳・船寄俊雄らと共著、学文社）
二〇〇四年　奈良教育大学監事（～二〇一〇年）

二〇〇五年　教育基本法改正問題起きる（二〇〇六年新法制定）
大阪女学院理事（～二〇一三年）
二〇〇六年　『大学基準協会五十五年史』（通史編、資料編）刊行
『大学は歴史の思想で変わる』（東信堂）刊行
大学教育学会会長（～〇九年）
二〇〇七年　教員の能力開発（ＦＤ）義務化
二〇一一年　東大大学院ゼミ卒業生たちによる共同研究『戦時下学問の統制と動員』（駒込武、川村肇、奈須恵子編、東京大学出版会）に「はじめに」等を寄稿し、この年刊行
二〇一六年　『21世紀の大学―職員の希望とリテラシー』（東信堂）刊行
二〇二〇年　『日本近代大学史』（東京大学出版会）刊行
二〇二一年　『大学研究の六〇年』（評論社）刊行

以上

寺﨑昌男（てらさき・まさお）

東京大学・立教大学・桜美林大学名誉教授。教育学博士。1932（昭和7）年福岡県出身。東大大学院を経て野間教育研究所を初め各校で勤務。東大では教育学部長、附属中高等学校校長、百年史編集委員会委員長を、立教大学では全学共通カリキュラム運営センター部長を、桜美林大学院では職員対象の大学アドミニストレーション専攻主任を勤める。学界では教育史学会、日本教育学会、大学教育学会の運営にあたり、日本学術会議第17・18期会員。教育史の枠を超えて大学史を専攻し、『日本における大学自治制度の成立』（評論社）、『東京大学の歴史』（講談社）、『御雇教師ハウスクネヒトの研究』『日本近代大学史』（共に東京大学出版会）など著書多数。

評論社の教育選書 34　大学研究の六〇年

2021年4月30日　初版発行

著者　寺　﨑　昌　男
発行者　竹　下　晴　信
印刷所　中央精版印刷株式会社
製本所　中央精版印刷株式会社

発行所　株式会社　評　論　社
（〒162-0815）東京都新宿区筑土八幡町2-21
電話　営業(03)3260-9409　FAX(03)3260-9408
編集(03)3260-9409　振替00180-1-7294

ISBN978-4-566-05183-6